KB099069

이제는 이낙연

좀더 나은 미래를 위해
정치인에 대해 터놓고 이야기 할 때

이제는 이낙연

김종수 지음

모아북스
MOABOOKS

더 낮게, 더 가깝게 그러나 더 멀리

이낙연이 아니면 할 수 없는 일

———————— 기업 전문 교육 강사로 살아온 내가 어쩌다 정치인 이낙연에 꽂혀 책까지 쓰게 되었을까. 찬찬히 짚어보니, 그 실마리가 두어 가닥으로 잡힌다.

직장인 교육과 리더십 강사로 살아오면서 많은 정치인을 만나보는 가운데 부정적인 선입견이 생겼는데, 이낙연은 그런 선입견을 깬 정치인이라는 사실이 호감을 준 면도 있다. 그러나 무엇보다 2003년 신당 불참에 이어 2007년에 펴낸《어머니의 추억》이라는 책이 결정적이었다. 장남인 그를 비롯한 칠남매가 어머니에 대한 추억을 진솔하게 풀어놓은 이 책을 통해 그의 진면목을 볼 수 있었다. 정치인의 책도 감동을 줄 수 있다는 걸 그때 처음 알았다.

이후로도 그는 내게 몇 번 깊은 인상을 남겼다. 그러던 2017년 5월, 전남지사로 재직하던 그가 촛불혁명으로 탄생한 문재인 정부의 초대 총리로 전격 발탁되었다. 그에 대한 관심이 부쩍 깊어졌다.

뭐지? 문 대통령 성품으로 보아 단순히 '지역 안배' 차원의 정치 공학은 아닐 테고…. 자연히 그에 관한 것이라면 뭐든 들춰보고 뒤져보게 했다.

2017년 12월에 〈동아일보〉에 기고한 '나와 동아일보'에서 그는 끈기 있는 기자정신을 내보였다. 1989년, 도쿄 특파원 파견을 앞둔 그가 당선이 거의 보장된, 그것도 존경해 마지않는 김대중 당시 평민당 총재의 전남 영광 국회의원 보궐선거 출마 권유를 뿌리치고, 기자로서 더 여물고 싶다며 홀연히 도쿄로 떠난 행보는 깊은 울림을 주었다.

그로부터 11년이 지난 2000년, 제16대 국회에 입성함으로써 그는 언론인에서 정치인으로 변신했다. 그가 '5선 대변인'으로 명성을 날릴 때만 해도 그러려니 했는데, 2003년 민주당 분당 국면에서 보인 그의 태도를 보고 그만 반하고 말았다. 꽃길 신당을 마다하고 가시밭길을 자처한 그의 처신에서, 1990년 3당 합당 과정에서 보인 '노무현의 향기'를 보았다. 아이러니하게도 2003년 노무현 대통령의 신당 참여 권유를 뿌리치고 노무현 정부에 '노무현 정신'을 지킨 것이다.

이렇게 깊어간 그에 대한 나의 기대와 호감은 총리직을 수행하는 그의 태도와 능력을 보면서 확신으로 굳어갔다. 그렇게 다져진 믿음은, '그가 비록 호남 출신이지만 영남에서도 지지를 받아 영호남 간의 정치적 거리를 무색하게 만들겠구나' 하는 믿음으로 나아갔다. 사실 영호남 사이의 '지역 감정'은 영남 패권주의가 일방적으로 유포시킨 상징 조작이다. 호남은 고스란한 피해자일 뿐이었다.

그래서 영남 출신의 노무현이 그 벽을 깨자고 들었을 때 작으나마 울림이 있었다. 그 울림이 퍼지고 커져서 마침내 영호남 모든 주민에게 닿아 지역 편견이 사라지고 나면 당연히 모든 정치인에게도 '어디 출신' 따위는 따로 없게 될 것이다.

어쨌든 나는 이낙연에게서 대한민국의 희망을 보았고, 그 희망을 더 많은 사람들과 나누기 위해 이 책을 쓰기로 결심했다. 이 책을 쓰는 과정에서 그 믿음은 더욱 깊어졌다.

언론에서 정치인으로 걸어온 길

_____ 어찌 보면 이낙연의 평생은 정치 한 길이었다. 정치인이 되기 전에 기자로 보낸 20여 년은, 대부분이 정치 현장을 누비고, 정치인과 인터뷰나 담론을 하고, 정치 사건이나 현안을 파고 든 시간들이었다.

그러나 그 반대로 이낙연의 평생은 언론 한 길이었다고도 할 수 있다. 그는 기자의 옷을 벗고 줄곧 정치인으로 20여 년을 살아왔지만 기자 정신만은 버려지지 않고 그의 정치에 녹아들어 그 정치를 더욱 특별하게 빛냈으니 말이다.

그런데 가만 보면, 그의 길은 기자로 살았던 때나 공직자로 살았던 때나 지금이나 언론이니 정치니 하는 분별을 떠나 한 길이었다고도 할 수 있다. 공평무사公平無私, 선공후사先公後私, 화이부동和而不同으로 살아온 그 한 길이다.

그것은 직업의 문제가 아니라 삶을 대하는 태도의 문제다. 이낙연의 삶에서 가장 도드라진 태도는 몸에 밴 겸손이다. 그 겸손이 화합과 배려, 그리고 중용의 정신을 키우지 않았을까? 타고나기도 겸손한 사람이지만 그 겸손이 진지한 성찰로까지 나아간 계기는 아들의 수술이었을 것이다.

"2003년 10월 서울에서 외아들이 목숨을 건 수술을 받았습니다. 아들이 수술실에 들어간 아침 8시부터 수술실 밖에서는 10여 명이 기도를 올렸습니다. 그러나 수술실 앞의 10여 명 가운데는 기도도 할 줄 모르는 채, 멀뚱멀뚱 앉아 있는 사람도 있었습니다. 수술 받는 환자의 아비, 저였습니다."

그는 이때 기도를 모르는 자신이 비참했고, 가장 절박한 순간에 하나님께 간구하는 것이 인간이라는 생각을 처음으로 하게 되었다고 했다. 아들의 수술이 아들과 자신의 인생을 바꿔놓았다고 했다. 신 앞에서 기도하는 나약한 인간이 어찌 겸손하지 않을 수 있겠는가.

2020년 8월 29일, 더불어민주당 대표로 선출된 이낙연은 수락 연설 도중 "코로나로 인한 고통은 더 커질 것이다. 실업자는 늘고 국민의 삶은 더 고달파질 것"이라 말하며 눈물을 흘렸다. 아들이 수술하는 병원 복도에서 서성이는 아버지의 그 마음이, 연설 도중에 다시 일어나 그를 울게 했을 것이다.

근청원견近聽遠見, 가까이 듣고 멀리 보는 정치

        2017년 5월 31일 총리 임기를 시작하여 재임 881일째인 2019년 10월 28일, 민주화 이후 최장수 총리 재임 기록을 세운 이낙연은 언론의 조명에도 시종 겸손했다. 오히려 아쉬운 부분을 들어 "지표상 나아지고 있는 것들이 있지만, 그래도 삶이 어려우신 분들은 여전히 어렵다. 그런 국민들의 고통에 대해선 늘 저의 고통처럼 마음이 아프다"고 했다.

이어 문재인 정부 후반부의 국정 방향에 대해 답하면서 오래 정치 신조로 삼아온 근청원견近聽遠見을 꺼냈다. 가까이 듣고 멀리 본다는 뜻이다. "더 낮게, 더 가깝게 다가가되, 동시에 더 멀리 보고 준비해야 한다는 것"이다. 그가 정치를 시작하면서부터 지금껏 변함없이 추구해온 정치의 목표이자 방법론이다.

이낙연이라는 정치인이 '튀는 언행' 없이 국민들 가슴에 이처럼 깊이 각인되고 차기 대통령 선호도에서 꾸준하게 맨 앞자리에 오르는 까닭은 뭘까?

아마도 남들이 닦아놓은 편한 길을 마다하고 자기 길을 만들어 가기 때문일 것이다. 기자 이낙연은 잘 모르지만, 정치인 이낙연은 늘 자기만의 길을 개척해 나간 프런티어였다. 거창

한 혁명가가 아니라 묵묵한 개혁자였다. 그는 국회의원으로서도 참신한 면모를 보였고, 도지사를 할 때는 전에 없던 도정을 펼쳤다. 역시 총리로서도 새로운 이정표를 세웠다. 그는 자신이 옳다고 생각하면 두려울지라도 망설임 없이 새로운 길을 만들며 나아갔다.

숱한 길을 걸어온 그는 이제 또 하나의 길을 눈앞에 두고 있다. 그는 그 길을 사람들에게 익숙한 방식이 아니라 자기만의 방식으로 찾아내고 헤쳐나갈 것이다. 그는 언젠가 취업을 앞둔 청년들에게 길에 대해 말했다.

"멀리서 산을 보면, 산속의 길이 보이지 않습니다. 그러나 산에 가보면 길이 있습니다. 그 길을 묵묵히 걸으면 능선에 이르고, 더 걸으면 정상에 다다릅니다."

이낙연이라는 산은 내 생각보다 크고 깊어서, 그를 그리는 이 책을 쓰면서 나는 길을 잃을지도 모르겠다. 그렇더라도 나는 길을 잃은 그 안에서 내 나름의 길을 내보려 한다.

김종수

3장 현장에서 답을 찾다

4장 선도국가의 길을 이어갈 정치인

　누구는 이낙연을 두고 순탄한 길만 걸어왔다고도 하고, 이미 주류의 삶을 살고 있다고도 하지만 그 속을 조금만 깊이 들여다보면 그가 하루도 안일하게 살아본 적이 없고 스스로 주류로 행세해본 적이 없음을 알 수 있다. 그는 기자였을 때도 정치인이 되어서도 시선과 관심을 늘 낮은 데에 두었고, 그 낮은 데의 그늘을 조명하고 걷어내는 데 기자로 20년, 정치인으로 20년을 오롯이 바친 사람이다.

코로나 시국과
정치의 시간

코로나 이전의 삶으로는 돌아갈 수 없는 현실

_____ 코로나 바이러스의 존재가 처음 알려진 것은 2019년 12월이다. 그 전에 발생했던 바이러스들에 비할 바 없이 엄청난 속도의 전파력에 경악했지만 사람들은 길어야 6개월이면 끝나겠지 낙관했다. 그러나 오산이었다. 해가 바뀌어 그해가 다 가도록 종식은 커녕 수그러들 낌새조차 보이지 않고 갈수록 더욱 창궐하는 기세다. 인류는 이제 별 수 없이 개인방역을 최선화하는 가운데 백신과 치료제 개발에 목을 매게 되었다.

코로나의 강력한 전파력과 생존력을 강조한 정은경 질병관리청장은 발생 초기부터 "코로나의 단기간 소멸은 어려우니 새로운 일상을 준비해야 한다"고 거듭 강조해왔다. 그러면서 우리 사회가 "아파도 나오는" 문화에서 "아프면 쉬는" 문화로 바뀌어야 한다고 제안했다. 그의 말이 과연 현실이 되었다. 우리는 이제 코로나 이전의 삶으로는 돌아갈 수 없다. 근본부터 달라지지 않으면 생존할 수 없게 되었다.

코로나는 우리에게 큰 고통을 안겼고, 앞으로도 더 많은 고통을 주겠지만 분열되고 파편화된 개인을 넘어 '우리'라는 공동체를 새삼 돌아보게 하고 새롭게 눈뜨게 하는 죽비가 되었다. 나아가 온 지구, 온 인류가 하나로 연결된 공동 운명체라는 오래된 사실을 새삼 절감시켰다.

이미 한몸의 핏줄처럼 연결된 세계에서 어느 한 나라만 '코로나 제로' 상태가 되기는 불가능하다. 온 세계가 똘똘 뭉쳐 함께 대응해야 이 팬데믹을 끝낼 수 있을 것인데, 전문가들조차 그 끝을 가늠하지 못한다.

"한국이 코로나 대응의 암호를 풀어낸 것으로 보인다"

그러는 가운데 2020년 9월 26일, 미국 〈월스트리트저널〉이 "한국이 코로나 대응의 암호를 풀어낸 것으로 보인다"며 의미심장한 기사를 실었다. WHO세계보건기구가 "한국처럼 이 바이러스와 함께 살아가고 억제하는 데 적응한 나라는 전 세계 어디에도 없다"고 평가한 것과 맥락을 함께하는 기사로, 〈한국은 어떻게 성공적으로 코로나 바이러스를 다뤘나〉 하는 제목으로 한국의 대응 방식을 집중 조명한 것이다.

〈월스트리트저널〉은 "(한국이) 전 세계 부유한 나라들 가운데 확산을 가장 잘 막아냈다"고 평가하면서 대응의 암호를 풀어낸 열쇠로는 "어떤 나라와도 비교할 수 없는 진단검사와 기술의 조합"을 꼽았다. 그리고 "중앙집중식 통제와 커뮤니케이션, 실패에 대한 끊임없는 두려움"도 비결이라고 덧붙였다.

코로나 발생 9개월이 지난 시점에도 확산세가 지속되면서 전 세계 누적 감염자 3,200만 명에 사망자가 100만 명을 넘어섰고, 미국만 해도 감염자 700만 명에 사망자가 20만 명을 넘어섰다. 그야말로 팬데믹 상황이다. WHO는 코로나 백신 개발까지는 상당한 시일이 걸릴 수밖에 없어 추가 피해가 2배로 늘어날 수도 있다고 경고했다.

이런 가운데 같은 기간 감염자 2만3,000여 명에 사망자 400여 명에 불과한 한국의 코로나 대응을 집중 조명하는 외신이 이어진 것이다.

한국의 이런 탁월한 코로나 대응은 경제에서도 뚜렷한 효과를 보이고 있다. 미국의 신용평가회사 무디스가 "2021년 말까지 코로나 이전의 경제성장률 회복하는 국가는 선진국 중 한국이 유일할 것"이라고 전망한 가운데, 2020년 경제성장률은 구미 선진국들이 모두 -10% 안팎의 절망적인 수렁에 빠졌고, 가장 낮다는 호주도 -5%로 예상되는 반면에 한국은 -1%대 선으로 예상되어 세계가 경이로운 시선을 보내고 있다.

한국의 이런 놀라운 선전 배경은 WHO의 분석이 잘 말해준다. "(한국은) 환자를 찾아내고 격리·검사하고 접촉자를 추적했다. 그것이 다른 나라가 하는 국경봉쇄 조치를 안 하게 만들었다."

이제 정치는 경제 위기를 풀어야 할 시간

이처럼 세계의 찬사와 부러움을 받는 한국의 성공적인 코로나 대응은 전 정부들의 실패가 밑거름이 되어 조직적·과학적·선제적 대응이 미리 준비된 것처럼 신속하게 이루어진 것이 그 비결이다.

무엇보다 문재인 정부가 사회적 역량을 총집결하여 효과적으로 가동하고 전 국민의 참여와 협조를 이끌어낸 것이 주효했으며, 행정을 총괄하는 총리에 이어 여당의 코로나19 국난

극복위원장으로서 시종 코로나 극복을 진두지휘해온 이낙연의 역할도 빼놓을 수 없다. 게다가 이낙연이 정은경을 질병관리본부장현 질병관리청장으로 발탁한 것은 신의 한 수가 되었다. 작가 김훈이 묘사한 '정은경'을 보면 한국의 코로나 대응의 시작과 현재 그리고 미래가 손에 잡힐 듯이 보인다.

정은경 질병관리청장이 12일 부임했다. 코로나의 8개월 동안 그의 앞 머리카락은 하얘졌다. 그는 늘 노란색 작업복 차림이었다. 방역망이 무너질 때나 무너진 대열을 다시 추스를 때도 그는 늘 차분한 어조로 현장의 사실을 말했다. 그는 늘 현실의 구체성에 입각해 있었고, 당파성에 물들지 않았고, 들뜬 희망을 과장하지 않았으며, 낮은 목소리로 간절한 것들을 말했다. 그의 낮은 목소리는 과학의 힘에서 나왔고, 모두의 힘을 합쳐야 희망의 길을 찾을 수 있다는 거듭된 호소는 가야 할 방향을 설득했다. 그는 늘 사람들이 알아들을 수 있는 말을 알아들을 수 있는 방식으로 말했는데, 지금 한국 사회에서 이러한 말하기는 매우 희귀한 미덕이다.

청장이 된 그는 날마다 일진일퇴를 거듭하는 방역 전선을 지휘해 가면서 신설된 관서의 조직과 작동 방식을 설계하고 미래의 감염병에 대처해야 하니, 그의 승진은 축하와 위로를 동시에 받아야 마땅하다.

부임에 즈음해서 그는 "방역에는 지름길이 없으며, 일상을 안전하게 하나씩 바꾸어나가는 길밖에는 없다"고 말했다. 그는 또 "서로가 서로를 위로하고 격려하는 마음의 방역이 필요한 시점" 이라고 말했다.

(인용된 부분은 한겨레 9월 10일치 8면 기사)

그의 말은 분명했고, 알아듣기 쉬웠다. 그의 이 두 마디 말은 코로나 8개월의 경험을 요약하면서, 미래의 길을 제시하고 있다. 방역은 과학의 원리를 대중의 일상 속으로 확대하는 길이다. '살길은 생활 속에 있다' 는 뜻으로, 나는 그의 말을 이해했다. 나는 날마다 정은경 청장이 하라는 대로 하고 있다.

(출처: 김훈 '거리의 칼럼' , 한겨레, 2020. 9. 14)

이전의 바이러스들하고는 다르게 코로나 사태가 장기화되면서 의료 차원의 대응을 넘어선 정치의 역할이 점점 더 커지고 있다. 특히 의료 차원의 대응에 성공을 거둬가고 있는 한국으로서는 정치의 시간이 시험대에 올라 있다.

일부 정치화된 기독교 세력을 내세운 극우세력의 8·15 광화문 반정부 집회와 같은 노골적인 방역 방해 책동에 대처하는 문제, 사태 장기화에 따른 의료진의 피로감은 물론 국민들의 심리적 무력감에 대처하는 문제, 코로나로 생업의 터전이 무너져 가중되는 경제적 어려움에 처한 국민들을 구제하고 보호하는 문제, 전방위적으로 어려움에 처한 경제 회생 대책 등 정치가 기능을 발휘해야 할 과제들이 산적해 있다.

세계의 평가대로 한국이 코로나 대응 암호를 풀어냈다면, 이제 정치는 미증유의 사태에 직면한 경제 위기 대응 암호를 풀어야 할 시간이다. 바야흐로 정치의 시간은 잠 못 드는 시간의 연속이 될 것이다.

코로나19 국난극복위원장
이낙연

"우리 정치가 예전에 해보지 못한 일을 했다"

_____ 이낙연은 총리 재임 말기인 2019년 12월에 코로나 사태를 맞았다. 그는 미증유의 사태에 효과적으로 대응할 수 있는 밑돌을 놓고, 총선을 맞은 당에서 제 역할을 하기 위해 이듬해 1월 총리에서 퇴임했다. 이윽고 당에서 설치한 코로나19 국난극복위원회이하 국난극복위 위원장을 맡아 코로나 대응 리더십을 계속 발휘할 수 있게 되었다.

더불어민주당 선대위원장으로서 4·15 총선을 승리로 이끌면서 인상적으로 정치에 복귀한 그는 6월 24일, 국난극복위의 그간 활동을 두고 "문제해결의 기록이 아니라 해결을 위한 분투의 기록"이며, "우리 위원회는 우리 정치가 예전에 해보지 못한 일을 했다"고 평가했다. "세계적 감염병 확산과 경제 위기가 전례 없는 것처럼, 그에 대한 정치의 대응도 전례 없었다"는 것이다.

이날 그는 "이제 국난극복위는 '미래전환케이(K)뉴딜위' 같은 새로운 체제로 이어진다"며 "당과 의원들의 역량을 결집해 국난 극복에 매진하는 것이 국민에게 압도적 다수를 부여 받은 우리의 책임이다. 그 과정에 우리 위원회 활동 결과가 기여하길 바란다"고 덧붙였다.

그는 코로나 대응을 이끌면서 지난 3월 '마스크 대란' 당시 일주일을 아찔한 순간으로 꼽았다. 또 "코로나 사태 초기에 소상공인 · 자영업자에 대한 긴급자금 지원이 여러 사정으로 원활하지 못한 기간에 무척 애가 탔다"고 돌아보았다. 그래서 그는 정책회의, 간담회, 토론회를 수십 차례 열며 코로나로 인한 경제 · 사회 위기에 대처해왔으며, 총선 뒤에는 방역과 경제 비상사태에 대응하며 긴급재난지원금의 신속한 집행을 도왔다. 나아가 코로나 이후 대비에도 심혈을 기울였다.

더욱 막중한 책임을 짊어진 여당 대표

이낙연은 향후 코로나 대응의 키를 쥐게 된 당의 역할에 대해서는 '비상경제' 와 '포스트 코로나 대응' 을 강조했다.

"비상경제 부문은 정부가 주도하되 사각지대가 없는지, 현장에서의 왜곡이 없는지, 또는 정부가 미처 보지 못한 문제는 없는지 당이 끊임없이 찾아내 정부에 제안하고 시정해야 한다."

이어 "포스트 코로나는 당이 주도적으로 활발한 상상력을 갖고 임해야 할 분야" 이며 "방역은 정부, 특히 질병관리본부를 중심으로 방역 전문가들의 판단을 존중해야 할 것" 이라고 강조했다.

그는 이제 더욱 막중한 책임을 짊어진 여당 대표로서 기본소득 문제, 원격진료 허용을 비롯한 비대면 진료 문제, 전국민 고용보험제 문제, 대학등록금 반환 문제 등 코로나 사태 가운데 부각된 주요 현안들에 대해 다양한 의견을 청취하고 각계의 의견을 수렴하는 등 최선의 해결 방안을 마련하기 위해 동분서주하고 있다.

"우리의 목적은 승리입니다"

2020년 9월 7일, 이낙연은 교섭단체 대표 연설에서 "세계 많은 나라들이 따라할 만큼 한국이 코로나 대응 '모범국가'로 불리고, 100여 개국에서 진단 키트를 수입해가고, 경제 위축을 최소화한 것은 우리 국민이 적극적인 협력과 참여로 이룩한 빛나는 성취"라며, '자랑스러운 국민'에게 감사했다. 더불어 헌신과 전문성으로 기여한 의료진, 흔들림 없는 방역으로 신뢰의 상징이 된 질병관리본부를 비롯한 방역 당국의 노고에 감사했다.

그러는 한편, "방역을 조롱하고 거부하는 세력이 광복절에 집회를 열어 코로나를 다시 확산시킨 데 이어 개천절에도 그 같은 행위를 저지르려 하는데, 국민의 생명을 위협하는 불법 행동은 이유가 무엇이든 용납될 수 없다"며, 단호한 제지 의지를 내보였다.

이낙연의 감성은 이 연설에서도 먼저 우리 사회의 약자를 보듬는다. 그리고 도움의 손길이 그 약자에게 먼저 닿는 것이 공정을 실현하는 길이라고 역설한다.

'힘듭니다. 힘듭니다. 힘듭니다'라는 글을 써 붙인 가게가 있습니다. 하루에 순댓국 두 그릇을 팔았다는 식당이 있습니다. 대출받아 차린 PC방을 한 달째 닫은 청년이 계십니다. 이대로 가면 폐업을 생각하겠다고 소상공인 10명 중 7명이 말씀하십니다.

당장 달려가 위로의 말씀이라도 드리고 싶습니다. 그러나 전염병은 그것마저 가로막습니다. 답답하고 안타깝습니다. 죄지은 것처럼 송구스러울 뿐입니다.

세상이 그렇듯이, 재난도 약자를 먼저 공격합니다. 재난의 고통은 약자에게 더 가혹합니다. 바이러스는 사람을 가리지 않습니다. 그러나 그 고통은 평등하지 않습니다.

고용취약계층, 소득취약계층은 생계가 위태롭습니다. 자영업자, 소상공인, 중소기업은 하루가 급합니다. 특히 음식점, 커피숍, 학원, 목욕탕, PC방 등 대면 비중이 큰 업종은 거리두기의 직격을 받았습니다. 아이를 키우시는 부모는 나날이 막막합니다.

고통을 더 크게 겪으시는 국민을 먼저 도와드려야 합니다. 그것이 연대이고, 공정을 실현하는 길입니다. 동시에 어느 국민도 부당한 불이익을 당하시지 않도록 해야 합니다.

그에 앞서 2020년 8월 29일, 더불어민주당 대표로 선출된 이낙연은 당 대표 수락 연설에서 "'코로나와의 전쟁에서의 승리, 국민의 삶 지키기, 코로나 이후의 미래 준비, 통합의 정치, 혁신을 가속화'를 국민의 5대 명령으로 받들어 이 명령을 충실히 이행하는 데 모든 역량을 쏟겠다"고 다짐했다.

그는 끝으로 "5대 명령 중 가장 시급한 것은 코로나와 그로 인해 파생된 경제적·사회적 고난, 즉 국난의 극복"이라며, 2차 세계대전을 승리로 이끈 처칠의 말을 인용하며 위기 극복에 대한 결의를 다졌다.

"우리의 목적이 무엇이냐고 물으신다면 한마디로 대답하겠다. 그것은 승리입니다."

정치는 말이지만
정책은 현장이다

"다른 사람은 몰라도 이낙연 말은 믿어도 된다"

_____ 정치는 말에서 시작되지만 현장에서 완성된다. 그 현장은 바로 정책이 스며드는 곳이다. 정치가 아무리 말의 성찬이라 해도, 그 말이 정책으로 구체화되어 현장으로 스며들지 못하면 아무 의미가 없다. 그저 말장난에 불과할 뿐이다. 그런데 우리 정치는 그런 말장난의 홍수에 빠져 있다. 아름다운 정치 공약이 애초의 취지 그대로 정책이 되어 현장에 실현되는 일은 참으로 드물다. 오죽했으면 정치인의 공약公約이 실은 공약空約이라고들 할까.

사실 공약을 지키지 않는 것은 거짓말을 하는 것이다. 그렇다면 정치인들은 상습적인 거짓말쟁이다. 거짓말로 이득을 취하면 사기죄로 처벌되지만 정치인의 공약空約, 즉 거짓말은 처벌받지도 않는다. 애초에 표를 얻으려는 욕심으로 무리한 공약을 마구잡이로 남발하는 것이 주요 원인이지만, 지킬 수 있는 약속도 지키지 않는 경우가 허다하다.

이와 관련하여 떠도는 씁쓸한 유머가 있다.

정치인들을 가득 태운 버스가 절벽에서 굴러 한 농부의 밭에 떨어졌다.

생존자가 아무도 없었다.

사고 현장을 처음 목격한 농부에게 기자가 물었다.

"정말 생존자가 아무도 없었나요?"

농부가 대답했다.

"처음엔 몇 명이 살아있다고 외치더군요."

기자가 다시 물었다.

"그런데 왜 구하지 않았나요?"

그러자 농부가 냉소하며 퉁명스럽게 대꾸했다.

"정치인들 말을 어떻게 믿어요? 입만 열면 거짓말인데."

이낙연은 정치인에 대한 국민의 이런 불신감을 누구보다 잘 알고 뼈에 새긴 정치인이다. 그래서 그의 말은 지나치리만큼 신중하다. 스스로 확신이 서기 전에는 함부로 말하지 않는 습성이 몸에 배어 있다. 그러나 한번 밖으로 내놓은 말은 무슨 일이 있어도 지키려고 혼신의 힘을 다한다. 오죽했으면 그의 평생 소원이 "다른 사람은 몰라도 이낙연 말은 믿어도 된다"는 평판을 들어보고 눈을 감는 것이라고 했을까.

그래서 이낙연은 누구보다 현장을 중시한다. 아니 현장이 곧 정치라는 지나친 현장주의자다. 그는 전라남도지사에 도전한 2014년 지방선거에서도 당내 경선부터 승산이 없다는 예측을 뒤로 하고 "현장에서 답을 찾겠다"며 도내 민생 현장을 초인 적으로 누비고 다닌 끝에 전국 최고 득표율로 당선되는 대반전의 드라마를 펼쳤다.

국민의 눈물을 닦아주고 사회의 그늘을 걷어내는 것이 정치의 본령

2007년 12월, 17대 대선에서 한나라당의 이명박 후보가 당선됨으로써 10년 만에 정권이 바뀌었다. 이때 이낙연은 새 정권의 인수위가 국가 비전을 제시하기보다는 자극적이고 편향된 데다가 지엽적인 정책만 쏟아낸다며 강하게 비판했다. 그는 무엇보다 서민들의 삶에 드리운 그림자가 깊어지고 있는 현실에 주목하여 이들의 눈물을 닦아주고 그늘을 걷어내는 것이 정치의 본령임을 적시했다.

"선택의 그늘에서 희생하는 사람들의 눈물을 잊지 말길 바란다. 그런 눈물이 쌓여 시대의 멍에가 되곤 하는 법이다."

그해 이낙연의원실의 국정감사 현장 르포 주제도 '개발의 그늘'이었다.

그때는 이른바 '뉴타운 사업'이 한창이었다. '재개발 사업'을 이름만 바꿔 부른 것이지 실상은 다른 게 없었다. 재개발 사업 지구로 선정되면 그 지역에 세 들어 사는 세입자들 또는 무허가 가건물에 깃들어 사는 가난한 사람들은 저렴한 삶의 터전을 잃고 여지없이 쫓겨나야 했다. 또 그런 사람들에 의지해 장사를 해서 생계를 잇는 영세상인들 역시 뿌리가 뽑혀 도시난민으로 떠돌아야 했다.

이낙연의원실은 이런 지역과 그 주민들을 밀착 취재했다. 아울러 영구임대주택 문제도 면밀히 살폈다. 임대주택 방 안까지 들어가 실상을 확인하고, 주민들의 속 얘기를 다 들어주는 것은 물론 표정 하나까지 놓치지 않으려고 애썼다. 그는 '개발의 그늘'을 취재하는 취지를 르포 서문에서 밝혔다.

"누구는 대책이 없다는 이유로, 누구는 자본주의를 무시한 감상적 접근에 치우칠 우려가 있다는 이유로 우리의 취재를 말리기도 했다. 그러나 우리는 해보기로 했다. 아직도 개발의 그늘에서 수많은 사람이 정착하지 못하고 있기 때문에, 아직도 수많은 세입자가 철거에 쫓겨 삶의 터전을 떠나 힘겹게 살아가고 있으므로 우리는 취재를 포기할 수 없었다. 어떠한 결론이 나더라도 현실을 드러내고 우리나라의 주택정책이 조금이라도 개선되기를 바라는 마음으로 우리는 취재를 계속했다."

사실 속절없이 삶의 벼랑으로 내몰린 원주민들은 '무엇을 어떻게 해달라' 에 앞서 '우선 자기들 얘기를 들어나 봐달라' 고 하소연하는 것인데, 정부도 지자체도 정치인도 아무도 들으려 하지 않았다. 그저 법대로 하면 된다는 식이었다. 법의 보호가 전혀 미치지 못하는 자본주의 그늘, 그 깊은 어둠 속에서 울고 있는 사람들이 얼마나 많은지 정말 모르는 걸까.

"힘들더라도 어떻게든 살아보려는 사람을 나라에서 도와주지는 못할망정 이렇게라도 살게는 내버려둬야 하는 것 아니에요?"

그는 주민들의 이런 하소연, 아니 절규를 생생하게 전하면서 그야말로 '빈곤층 청소 사업' 이 되고 있는 뉴타운 사업을 조목조목 비판하고, 그런 사업을 조장하고 비호하는 정치인들을 질타했다.

늘 낮은 데 시선을 둔 현장의 정치인

이낙연의 이런 관심과 행보는 표를 의식한 정치인의 감각에서 나온 것이 결코 아니었다. 이런 성찰과 관점은 그의 기자 시절까지 거슬러 올라간다. 그가 1983년에 서울의 양극화 현상을 조명하여 쓴 기사 〈부촌과 빈촌〉은 사회를 바라보는 그의 인식이 일관되어 왔음을 잘 보여준다.

"질척하고 시끄러운 시장 골목을 지나 사당 3동의 산동네를 올라가 본다. 좁고 가파른 언덕길 양편으로 낡은 판자 대문을 한 대지 6평짜리 블록집들이 닥지닥지 붙어 있다. 날씨가 맑은 날이면 집마다 빨래가 내걸린다. 그 빨래들 틈 사이에서 때 묻은 얼굴을 한 아이들이 와자지껄 딱지놀음에 열중이다. 얼굴이 푸석푸석한 아낙네들은 멀거니 햇볕을 쬐거나 이웃과 시름 섞인 얘기를 나눈다. 남정네들은 일을 나가고 없거나 그렇지 않으면 하릴없이 방안에서 담배나 피워 문다. 이 마을에는 가구당 한 달 수입이 10~30만 원쯤 되는 목수, 미장이 등 건축 잡부나 중소기업 근로자들이 주로 살고 있다."

누구는 이낙연을 두고 순탄한 길만 걸어왔다고도 하고, 이미 주류의 삶을 살고 있다고도 하지만 그 속을 조금만 깊이 들여다봐도 그가 하루도 안일하게 살아본 적이 없고 스스로 주류로 행세해본 적이 없는 사람임을 알 수 있다. 그는 기자로 살 때도 정치인이 되어서도 시선과 관심을 늘 낮은 데에 두었고, 그 낮은 데의 그늘을 조명하고 걷어내는 데 기자로서 20년, 정치인으로서 20년을 오롯이 바친 사람이다.

이리하여 이낙연은 "정치는 말이지만 정책은 현장"이라는 정치의 중요한 격언 하나를 우리 사회에 실증으로 남겼다.

위기의 상시화,
함께 가는 리더십

이전과는 삶의 조건 자체가 전혀 다른 상황

_____ 코로나 사태가 장기화되는 가운데 그 끝이 불확실해지면서 '위기의 상시화'가 당연하게 받아들여지는 분위기다. 사실 코로나가 아니더라도 지구 환경 파괴에 따른 급격한 기후 변화와 확대되는 세계 경제의 불안정성으로 인해 '위기의 상시화'는 진즉부터 거론되어온 터였다. 코로나 팬데믹은 거기에 기름을 끼얹은 셈이다. 위기는 극복 대상이 아니라 우리가 껴안고 가야 하는 것이다. 이전과는 삶의 조건 자체가 전혀 다른 상황이 벌어진 것이다. 새로운 지혜, 즉 새로운 리더십이 요구되는 시대이다.

이낙연이 당 대표 경선에 나선 것도 상시화로 가는 위기 상황을 잘 극복함으로써 좀 더 정교하고 효과적인 위기관리 상시 체제를 구축하기 위한 것이었다.

"전당대회 사흘 뒤 정기국회가 시작된다. 정기국회 뒤에는 임시국회가 이어진다. 4개월 내내 국회가 열리는 상황이다. 이 4개월은 문재인 정부 종반전의 성공과 실패를 좌우할 것이고, 민주당이 거대 여당으로서 안착할 것인지를 결정하는 시험문제가 될 것이다. 이 중요한 시기에 중심을 잡고 당력을 하나로 모아서 우리가 가야 할 방향으로 이끄는 중요한 역할에 제가 더 적합하다고 판단한다."

그는 코로나 시국에서 '위기의 리더십'을 강조해왔는데, 하루가 다르게 위기가 중층적·복합적으로 무거워지는 상황임을 전제하고 차기 지도부는 사실상 비상대책위원회 역할을 하게 될 것이라고 내다보았다.

포스트 코로나 시대정신은 "함께, 잘사는, 일류국가"의 완성

그가 대표 경선에 나서기 전부터 정치권이나 언론에서는 당 대표로서 득보다는 실이 많을 것으로 내다보고 그가 대표 경선에 나서지 않을 것이라는 예측이 우세했다. 그러나 그는 망설임 없이 경선에 나섰고 대표로 선출되었다. 이때도 역시 기자가 "정치적으로 얻을 수 있는 게 많지 않다는 분석도 있다"며 부정론을 꺼냈다. 그러자 그는 단호하게 잘랐다.

"그런 접근 자체가 마뜩치 않다. 제가 이걸대표직 외면하고 조직이나 만들고 다녀도, 주변에서 '잘한다' 고 하지는 않을 것이다. 오히려 책임을 회피했다고 할 것이다. 저에게 가장 유리한 것은 경제 회복이 빨리 돼서 문재인 정부가 칭찬받는 것이다. 경제 회복이 지체돼 문재인 정부가 욕먹는 것이 저한테도 불리한 것이다."

그러자 이번에는 "7개월 임기 동안 당 지지율이 내려간다면 굉장히 부담스러울 수 있다"는 의문이 제기되었다. 그러자 그는 책임을 말했다.

"당연히 지지율을 의식할 것이다. 하지만 지지율이 어떻게 될지 모른다는 이유 때문에 대표직을 외면할 수 있을까. 정치인의 선택의 이유 중에는 책임감이라는 것도 있다."

이낙연은 당 대표로서 추진해야 할 가장 시급한 정책 과제 네 가지를 들었다.

"첫째, 포스트코로나 신산업 육성을 위한 경제입법이다.

둘째, 약자 보호·격차 완화를 위한 사회입법이다. 고용보험 확대와 기초생활보장제도 확충 등이 포함된다.

셋째, 지체되고 있는 개혁 입법들의 조기 완수다.

넷째, 균형발전이다. 어쩌면 행정수도 이전 같은 새로운 문제들도 정리해야 할 것이다. 이 네 가지는 이번 정기국회에 매듭짓거나 최소한 방향을 잡아야 할 것이다."

그리고 차기 대선의 시대정신으로는 "함께, 잘사는, 일류국가"를 들었다.

"함께, 잘사는, 일류국가다. '일류국가'는 코로나 방역에서 가능성을 입증했다. 전에는 꿈같은 일로만 보였지만 이제는 현실감이 있다. '함께'는 포용이고, '잘사는' 것은 지속가능한 성장이 전제돼야 한다. 사회 곳곳에서 불공정과 불평등이 목격된다. 이럴 때일수록 특별히 공정함, 불평등의 완화, 이런 곳에 더 비중을 둬야 한다고 생각한다."

이낙연의 리더십 vs 유성룡의 리더십 연상

이낙연이 살아온 공직생활, 그 과정에서 발휘해온 리더십, 위기에 대처하는 방식, 그에 대응하는 시대정신을 보고 있자면 서애 유성룡의 리더십을 연상된다. 두 사람의 리더십이 닮은 점은 다음 몇 가지로 요약된다.

첫째는 위기를 내다보고 준비하여 돌파할 줄 아는 실용적 리더십이 닮았다.

둘째는 인재를 알아보고 적재적소에 등용하는 공평무사의 리더십이 닮았다. 유성룡이 없었다면 이순신과 권율도 없었을 것이다.

셋째는 현장을 중시하고 구체적인 방법론을 아는 리더십이 빼닮았다. 예나 지금이나 정치인들은 정치적 수사는 거창해도 막상 구체적인 방법론으로 들어가면 입을 닫았다. 실제 현장 업무를 해보지 않아서 그렇다. 다산의 《목민심서》가 오늘날까지 울림을 주는 이유는 현장 경험을 토대로 구체적인 방법론을 담았기 때문이다.

넷째는 특정 이념이나 정파적 편견에 기울지 않는 유연한 리더십이 판박이다. 유성룡은 특유의 포용력과 유연성으로 다양한 정파와 개성의 인재들을 폭넓게 아울렀다. 심지어는 자신이 속한 계급의 이익에 정면으로 반하는 작미법作米法, 농토의 면적에 따라 부과하는 세금, 속오군束伍軍, 양반과 그 소유의 사노비에게도 병역 의무를 지운 정책, 면천법免賤法, 천민도 종군을 조건으로 면천해주고 나아가 공을 세우면 벼슬까지 주는 신분 타파 정책, 충군법充軍法, 공노비는 물론 사노비까지 군적에 올려 군사력을 충원하는 정책 등 가능한 모든 수단을 발굴하고 동원하여 국난에 대처했다.

임진왜란이 끝나자 임금과 조정 신료들은 합심하여 유성룡을 실각시키고 유성룡의 개혁 정책들을 일거에 폐기시켰다. 모처럼 일신의 기회를 맞았던 조선은 다시 임진왜란 전으로 돌아가고, 국난의 극복의 상징으로 백성들의 추앙을 받던 유성룡은 기득권 세력에 의해 터무니없이 격하되었다. 그러나 세월이 흘러 개혁군주 정조는 유성룡의 진가를 제대로 알아보았다. 정조는 《홍재전서》〈일득록日得錄〉에 유성룡의 인물평을 남겼다.

"저 헐뜯는 사람들을 상신相臣, 유성룡이 처한 시대에 처하게 하고, 상신이 맡았던 일을 행하게 한다면 그런 무리 백 명이 있어도 어찌 감히 상신이 했던 일의 만 분의 일이라도 감당했겠는가. 옛날 당 태종이 이필李泌에 대해서 "이 사람의 정신은 몸보다 크다"고 말했는데, 나도 서애에 대해서 또한 그렇게 말한다. 대개 그는 젊었을 때부터 이미 우뚝선 거인의 뜻이 있었다."

그렇다. 위기가 상시로 존재하는 시대에는 한 사회와 국가가, 아니 전 세계가 모든 것을 초월하여 함께 가는 수밖에 달리 생존할 길이 없다. 바야흐로 공존 아니면 공멸의 시대다. 이런 시대정신을 제대로 읽고 '함께 가는' 리더십을 발휘할 리더가 필요하다. 우리는 오늘날 그 가능성을 이낙연에게서 본다.

1장

끝이 아닌 시작

이낙연은 타인의 고통에 공감하는 감성이 몸에 밴 사람이었다.

그래서 그의 관심과 시선은 늘 사회적 약자, 고통을 겪는 사람들,

낮은 곳, 그늘진 곳에 가 있었다.

그는 기자일 때도 그랬지만 정치인으로서는 더욱 그랬다.

이낙연이 정치인으로서 새로운 모습을 보여주었다.

특히 국정을 총괄하는 총리로 재직할 때

그 새로움이 도드라져 보였다.

그래서 전례 없이 국민의 사랑을 받는 총리가 되었다.

기자 20년 정치 20년,
다르고도 같은 길

국회의원 출마 제의를 뿌리친 세 가지 이유

_____ 1989년, 기자로 10년을 살아온 이낙연은
인생의 갈림길에 섰다.

그해 이낙연은 〈동아일보〉도쿄 특파원으로 내정되었는데,
기자라면 누구나 선망하는 자리로 그 역시 기뻐해 마지않았다.

도쿄로 떠날 마음의 준비를 하고 있는데, 그가 밀착 취재해
왔던 김대중 당시 평민당 총재가 비서관을 보내 정치를 권유
하며 손을 내밀었다.

당시에는 민주화 바람을 타고 통일운동의 열기도 자못 뜨거
워져 각계 인사들의 방북이 이어졌다. 이 대열에 평민당 소속
의 서경원 의원전남 영광도 합류했는데, 비밀리에 방북하여 김

일성 주석을 만나고 돌아온 그는 국가보안법 위반 혐의로 재판 끝에 실형을 받아 의원직을 상실했다.

그래서 전남 영광 선거구는 이듬해 국회의원 보궐선거를 치러야 했는데, 마침 이 지역이 이낙연의 고향이기도 해서 평민당 후보 공천 제의를 받은 것이다. 그가 제의를 받아들여 출마하기만 하면 당선은 거의 확실했다.

그러나 이낙연은 세 가지 이유를 들어 그 달콤한 제안을 뿌리쳤다. 어쩌면 아직은 때가 아니라고 여긴 때문이기도 했을 터였다. 그는 〈전남일보〉, 〈동아일보〉 등과 가진 인터뷰에서 당시에 폈던 3불가론을 밝혔다.

DJ가 제1야당 총재로서 재기하려는 시점인 1989년, 평민당 서경원 의원의 방북 사건은 큰 타격이었습니다. 당시 나는 최연소(38세) 도쿄 특파원에 내정된 상태였어요. 그때 신문사로 총재 비서관이 찾아와 나더러 보궐선거에 나섰으면 하더군요. 사적으로는 형님, 할 정도로 편한 사이여서 물었어요.

"DJ 뜻이요? 형님 뜻이요?"

형님 뜻이라고 해두자 하기에, 형님 뜻이라니 자유롭게 말한다면서 세 가지 이유를 들어 사양했습니다.

첫째, 형편이 어려워 유학을 못 갔는데 회사에서 돈 대주며 가라는 기회를 놓치고 싶지 않다. 둘째, 정치부 기자 10년 하다 보니 붓에 한창 물이 올랐는데 지금 꺾기는 아깝다. 셋째, DJ에게 당신 뜻에 맞는 국회의원 한 명 늘어나는 것보다 당신 좋아하는 기자 한 명 더 있는 것이 나을 수 있다. 내가 아버지 다음으로 DJ를 좋아한다.

이대로 DJ에게 전해달라고 하면서, 그래도 국회의원 하라고 하면 그때는 하겠다고 했습니다. 그랬더니 그 말이 맞겠다고 해서 기자로 남을 수 있었어요.

나중에 이낙연은 이때의 선택을 두고 솔직한 심정을 이렇게 내비쳤다.

나는 국회의원보다 특파원이 더 하고 싶었습니다. 그 기회를 놓치면 나는 무식쟁이가 될 것 같았어요. 3년여 동안 나는 일본을 경험했고, 세계를 짐작했습니다. 지금도 내 선택이 옳았다고 믿습니다.

이로써 이낙연의 기자 생활은 1막으로 끝나지 않고 2막이 열렸다. 그의 기자 생활 1막 10년은 어땠을까? 그보다 먼저, 법학을 전공한 이낙연은 어쩌다 기자가 되었을까?

전남 영광 법성면의 낙후된 초등학교에 다니던 이낙연은 6학년 때 은사박태중 선생님을 만나 우물 안을 벗어날 수 있었다. 대처로 나와 중학교와 고등학교에 다닌 그는 서울대 법대에 입학하여 집안과 고향의 촉망을 한몸에 받았지만 지독한 가난과 부조리한 시대는 그가 순탄한 길을 가도록 내버려두지 않았다.

그가 대학에 입학한 1970년에는 각 당의 대통령 후보 선출이 있었고, 이듬해에는 대통령 선거가 있었다. 그는 수업을 빼먹고서라도 당시 신민당 대통령 후보인 김대중의 연설을 들으러 다니는 것이 크나큰 즐거움이었다고 한다.

1971년 4월에 치러진 대통령 선거에서 박정희는 광범위하고 노골적인 부정선거를 저지르고서도 김대중에게 겨우 90만 표를 앞섰다. 당시 중앙정보부에서 분석했듯이 박정희가 사실상 완패한 선거였다.

그에 앞서 5, 6대 대통령을 연임한 박정희는 1969년 이른바 '3선 개헌'을 밀어붙여 7대 대통령 출마의 길을 터놓았다. 이때 개헌안의 내용은 대통령 3연임 제한을 철폐하고, 대통령 탄핵 요건은 국회 통과에 필요한 의원 수를 과반수에서 3분의 2로 늘려 어렵게 만들었다. 그럼에도 불구하고 반세기 후에 자기 딸의 탄핵안이 국회를 통과했다. 참, 역사는 아이러니하다.

어쨌든 권력 연장에는 성공했지만 공포에 질린 박정희는 형식이나마 가느다랗게 붙어 있던 민주주의의 숨통을 아예 끊어버리기로 작정했다. 대선 직후부터 정적 제거와 헌정 쿠데타를 마음먹은 것이다. 그해 10월에 서울 전역에 위수령을 발동하여 대학가의 시위를 원천봉쇄하고 12월에는 비상사태를 선포하여 사실상 헌정을 정지시켰다.

1972년 10월, 유신 쿠데타로 헌정을 폐기한 박정희는 김대중의 예언 그대로 종신총통시대를 열었다. 청년학생들과 민주시민들이 보고만 있을 리 없었다. 민주주의를 향한 열망과 종신독재를 꿈꾸는 박정희의 욕망이 충돌하여 나라는 혼돈으로 빠져들었다. 이 무렵 북한에서도 김일성이 정적 숙청작업을 마친 후에 주체사상을 내세운 독재체제를 굳혔다.

이런 가운데 이낙연은 끼니를 거를 정도로 일상이 된 궁핍을 껴안고 학업을 이어가야 했다. 오죽했으면 "법대가 아니라 밥대를 다닌다"고 자조했을까. 4학년 무렵에는 만성이 된 영양실조로 뼈만 앙상한 모습이 "시신 같았다"고 했다. 시대 상황도 개인 조건도 도저히 마음 편히 공부할 계제가 아니었으니, 변호사가 되어 억울한 사람을 돕겠다는 꿈을 키우면서도 사법고시 응시는 엄두를 내지 못했다.

졸업을 앞두고 징집영장을 받은 이낙연은 망설임 없이 입대했다. 우선 끼니가 걱정인 그에게 선택의 여지가 없었다. 이낙연은 군대에 가서야 비로소 배곯지 않고 제대로 먹을 수 있게 되었다. 균형 잡힌 섭생으로 영양실조도 사라지고 건장한 몸이 되었다.

군 생활 3년, 건강한 몸으로 제대했지만 그의 앞에 놓인 현실은 여전히 막막했다. 그런 그에게 막역한 친구가 다달이 월급의 반을 떼어주며 사법고시 공부에 매진할 것을 격려했다. 예닐곱 달 지나다보니 그도 못할 노릇이었다. 친구에게 염치가 없기도 했거니와 여섯이나 되는 동생들을 모른 체할 수도 없어서 공부도 오래된 꿈도 접었다.

첫 직장으로 투자신탁회사에 취직한 이낙연은 연봉은 꽤 받았지만 뭔가 채워지지 않는 갈증에 시달렸다. 친구들을 만날 때마다 '투자신탁' 이 뭔지 일일이 거듭 설명해야 하는 것도 마뜩찮았고, 금융인으로 성공하겠다는 포부도 없어 성취감은 바닥이었다.

그래서 그는 1979년 10월, 스물여덟 살에 〈동아일보〉기자가 되었다. 당시만 해도 〈동아일보〉는 최고 신문이었고, 언론인은 청년들이 선망하는 직업이었다. 무엇보다 정치사회 변화에 관심이 많던 그의 열정을 북돋는 일이기도 해서 맞춤복을 입은 듯했다.

"평생을 따라다닌, 살아남은 자의 부채감"

　기자 이낙연이 처음 취재를 맡은 출입처는 총리실을 비롯하여 통일부와 문화공보부를 포함한 중앙청이었다. 그런데 하필 그가 기자가 된 그달 26일 밤에 10·26이 터졌다. 그가 얹혀 살던 종암동 누나 집에는 전화가 없어서 연락을 받지 못한 그는, 다음 날 출근해서야 엄청난 사건이 터진 것을 알았다. 다른 기자가 쓴 기사로 이미 호외가 나와 있었다.

　그해 12월 12일, 전두환이 주도하는 하나회 중심의 신군부가 군사반란을 일으켜 권력을 탈취했다. 이들은 군사반란을 "구국의 결단"으로 포장하기 위해 맨 먼저 언론 장악부터 나섰다. 이른바 '언론 통폐합' 작업이다. 비판적인 언론인 1천여 명의 펜을 빼앗고 언론을 한손에 틀어쥐었다.

　언론인 강제 해직은 입사 3년차부터 이루어졌다. 이낙연은 2년차여서 해직의 칼날이 비켜갔지만 "살아남은 자의 부채감 같은 것이 평생 따라다녔다"고 했다. 그는 기자생활을 하는 내내 해직당한 선배들에 대한 마음의 빚을 떨쳐버리지 못했다.

　이후 그는 기자로서 치열하게 일하며 분투했지만 신군부의 통제를 벗어날 수 없는 한계 때문에 줄곧 부끄러움을 십자가로 지고 살았다.

그는 일본 특파원 시기를 빼놓고는 내내 정치 현장을 누비고 다니면서 우리 현대사의 결정적 순간들을 보도했다. 그러는 가운데 한국 정치의 속살을 정치인보다 더 잘 아는 기자가 되었다.

김대중 전담 기자 이낙연

정치부 기자 이낙연이 정치 현장을 넘어 그가 대학생 때부터 존경해온 정치인과 깊은 인연을 맺게 된 계기는 우연히 찾아왔다. 1987년 6월 항쟁으로 쟁취한 대통령 직선제로의 개헌에 따라 그해 12월에 대통령 선거가 국민투표로 치러지게 되었고, 민주정의당 노태우 후보, 통일민주당 김영삼 후보, 평화민주당 김대중 후보의 대결로 압축되었다.

마침 회사에서는 이낙연에게 그때부터 김대중 후보의 전담 취재를 맡겼다. 이에 그는 비가 오나 눈이 오나 날마다 이른 아침부터 김대중 후보의 동교동 자택으로 출근했다. 당시 〈중앙일보〉에서는 현재 '고도원의 아침편지'로 유명한 고도원 기자가 전담으로 왔다. 그래서 둘은 싫든 좋든 아침마다 동교동에서 만나 하루를 함께 시작했다. 김대중 후보 및 당직자들과 아침식사를 하는 자리에도 그는 고도원과 함께 있었다. 그 식사 자리에서 나온 얘기 가운데 핵심을 포착하여 데스크에 보고하면, 데스크는 내용에 따라 그를 당사로 보내거나 다른 필요한 곳으로 취재를 보냈다. 당시는 석간신문이 정치 이슈를 주도하던 시절이었고, 마침 그때 〈동아일보〉와 〈중앙일보〉는 둘 다 석간이었다.

이 무렵에는 신문마다 '정치 가십' 난이 있어 한 줄 정치 논평을 실었는데, 그야말로 촌철살인이어서 인기도 높고 파급력도 컸다. 고도원의 회고에 따르면 고도원은 그 한 줄 논평을 쓰느라 하루 종일 끙끙댈 때가 숱했는데, 이낙연은 어찌 그리 금세 쓰는지 신통하기도 하고 부럽다고 했다. 그는 가십만큼은 자연스럽게 이낙연을 멘토로 삼았다.

"〈동아일보〉에 이낙연 기자가 쓴 가십을 오려서 수첩에 붙여놓고 외우다시피 했다. 나는 잡지 기자 출신이라 긴 글에는 능했지만 핵심을 잡아 짧게 압축하는 데는 애를 먹었다. 주로 사회부 기자로 있다가 정치부로 옮긴 지 얼마 안 된 때이기도 했다. 그때 이낙연 기자의 정치 가십은 경이로웠다. 그는 정치부 경험도 두터운데다가 그 분야에 워낙 영민한 감각을 지닌 기자였다."

이낙연은 어떻게 한 줄 논평에서 놀라운 재능을 발휘하게 되었을까? 물론 끊임없는 언어 훈련을 빼놓을 수 없다. 고도원의 경탄처럼 뛰어난 정치 감각도 한몫 했을 것이다. 그러나 무엇보다 현안의 핵심을 파고들고 취재 현장을 장악하려는 치열한 기자정신 때문이다.

"논평은 자유다. 그러나 사실은 신성하다."

반세기 이상 발행인 겸 편집인으로 헌신함으로써 영국 〈가디언〉을 정론지의 반석에 올려놓은 찰스 스콧이 남긴 격언으로, 이낙연이 기자가 되면서 내내 마음에 품어 신념으로 삼은 말이다. 이 신념대로 이낙연의 논평이 빛을 발한 것은 무엇보다 팩트, 즉 사실을 기반으로 하고 있기 때문이다. 팩트는 현장에서 나온다. 기사 작성에서 팩트를 거의 신앙으로 여긴 이낙연은 그래서 누구보다 현장을 중시했다.

줄곧 사회부에 있다가 처음 정치부로 온 한 선배 기자는 이낙연의 이런 면모를 증언하며 혀를 내둘렀다.

"사회부에만 있던 내가 정치부로는 처음 가니까 이낙연 기자는 자기가 터득한 정치 현장 취재 비결을 공유했다. 사회부에서 사건팀장까지 지낸 노련한 선배지만 정치부는 조금 문화가 다르니까 얘기한다면서 야당 취재 방법이나 팩트 체크 요령을 알려주고, 중요한 정치인을 소개해 주었다. 정치인의 발언은 이중 삼중으로 사실 관계를 확인하고 끝으로는 반드시

당 총재의 확인을 거쳐야 한다고 일러주었다. 그러려면 총재랑 언제든 만나고 통화할 수 있어야 한다고 덧붙였다. 데스크가 알려줄 사항을 후배가 알려준 것이다. 이낙연은 내게 기자로선 후배였지만 정치부 기자로선 선배 역할을 톡톡히 했다. 끝까지 팩트 찾기에 치열하여 확인에 확인을 거듭하던 그의 모습을 잊을 수 없다."

그래서 이낙연 이름 석 자가 붙으면 기사의 품질을 보증했다. 이낙연을 다른 기자들과 비교하자면, "남들은 다 3줄의 이야기를 듣고 10줄을 쓰는 반면 그는 10줄의 이야기를 듣고 3줄을 썼다." 다시 말해 그는 "머리카락이 들어 있는 청국장은 아무렇지도 않게 먹어도 군더더기가 들어 있는 글은 용납하지 못했다." 글에 대해서만큼은 자신에게 지나칠 정도로 엄격했던 것이다.

기자로서 팩트와 현장에 바친 청춘

이렇게 이낙연은 20여 년을 기자로서 치열하게 살며 팩트와 현장에 청춘을 바쳤다. 그러다 저녁마다 이어지는 술자리, 과도한 흡연으로 건강에 적신호가 켜졌다. 원인을 알 수 없는 열병으로 수차례 입원해야 했고, 어느 날 거울을 봤더니 입이 돌아가 있어서 치료를 받기도 했다.

그는 기고문 '나와 동아일보'에서 우연히 〈동아일보〉기자 모집 공고를 보고 응시하여 기자가 되었지만 그것은 행운이었다고 했다. 그 행운을 잡아 기자로 일하면서 네 가지를 배웠는데, 그때 배운 것들이 그를 남다른 정치인으로 키웠지 싶다.

첫째, 진실을 알기는 몹시 어렵다.

그는 '전두환 정부의 금융실명제 연기' 같은 굵직한 특종을 곧잘 했지만 "공천 탈락 예상자를 잘못 보도하여 해당 정치인에게는 상처를, 유권자에게는 혼란을 주는 등 오보를 내는 일도 적지 않았다." 그는 특종보다는 오보에서 더 깊은 교훈을 받고 진실을 신중하게 대하는 것이 몸에 배였다.

둘째, 어떤 경우에도 공정해야 한다.

어느 날, 이낙연의 기사에 불만을 품은 한 국회의원이 의사당 안에서 다짜고짜 그에게 주먹을 휘둘렀다. 그는 그 폭행을 문제 삼아 알리는 대신 그저 동료 기자에게 조용히 부탁했다.

"앞으로 그 의원 기사는 자네가 좀 써주게. 나는 도무지 공정할 자신이 없네."

그는 공정을 자기 브랜드로 삼고 싶어했고, 그것을 철칙으로 삼았다.

셋째, 말과 글은 쉬워야 하며, 그러려면 명료해야 한다.

그는 당시 김중배 편집국장에게 '술이부작述而不作'을 배웠다고 했다. 공자의 말로, 원 뜻은 "성현의 말씀을 서술할 뿐 자기주장을 보태서 짓지 말라"는 것인데, 그는 "꾸미지 말고 있는 그대로 쓰라"는 뜻으로 새겼다. 그래서 지금도 그의 말이나 글은 꾸밈없이 진솔하여 굳이 머리로 이해하려 들지 않아도 곧 가슴으로 스며든다.

넷째, 죽을 때까지 공부해야 한다.

그는 "인생과 자연의 비밀은 너무 많고, 세상의 변화는 너무 빠르기 때문에 지금도 일주일에 하루는 책을 읽으려고 노력한다."라고 말한다.

앞서 말한 촌철살인의 논평도 그의 부단한 공부의 힘이 작용한 바가 적지 않을 것이다.

도쿄 특파원으로 '일본통' 이 된 이낙연 기자

1989년, 이낙연은 국회의원 출마 권유를 뿌리치고 〈동아일보〉 도쿄 특파원으로 떠날 채비를 했다. 카투사에서 군 복무를 하며 영어를 접해서 영어는 웬만큼 했지만 일본어는 걸음마 수준이어서 당장 일본어 공부부터 시작했다. 그는 집중력이 워낙 뛰어나서 뭐든 마음먹고 하면 남다른 성취를 이루었다. 일본어 공부도 마찬가지였다. 회화와 독해를 동시에 공부했는데, 6개월쯤 지나자 일상 대화를 할 수 있게 되고 소설 정도는 별 어려움 없이 읽을 수 있게 되었다.

그해 말, 도쿄에 부임해서는 일본어 실력이 하루가 다르게 늘었다. 어느 지역보다 서울 손님 방문이 잦고 행사도 많은 도쿄에서 안내나 진행은 일본어 통번역이 가능한 이낙연이 도맡다시피 했다. 그러면서 또 일본어 실력이 부쩍 늘었다. 그가 일본어뿐 아니라 문화도 세세하게 파고들어 공부한 덕분이었다.

이낙연의 이런 노력은 당연히 기사에서도 빛을 발했다. 그는 도무지 적당히 하고 적당히 넘어가는 요령을 피울 줄 몰랐다. 그래서 기자로서 그는 어디에 있든 무슨 기사를 쓰든 남다르고 특별했다. 당시 다른 신문사의 도쿄 특파원으로 이낙연과 자주 만나 어울렸던 한 기자는 "특파원들 사이에서 이낙연이 쓴 기사에는 꼭 뭐 하나가 더 들어가 있었다"고 증언했다.

정치 기사를 쓰려면 인맥이 두텁고 배경을 알아야 하는데, 이낙연은 일본 신문을 그대로 번역하거나 정리하는 데 그치지 않고 반드시 추가 취재를 했다. 열정이 넘치고, 팩트를 신봉하고, 책임감이 강한데다가 인맥이 풍부해서 가능한 일이다.

한일 언론사는 서로 단독 협약을 맺었는데, 〈동아일보〉는 〈아사히신문〉과 제휴 관계를 맺었다. 당시〈아사히신문〉기자들은 자부심이 대단해서 한국 기자들을 잘 만나주지도 않았지만, 이낙연은 그런 완고한 네트워크를 뚫고 들어갔다.

〈아사히신문〉의 베테랑 기자들은 이낙연을 예의 바르고 성실한 인물로 높이 평가했다.

이낙연의 이런 힘은 현지인들과 하나로 녹아들려는 치열하고 부단한 노력에서 비롯되었다. 그는 일본의 대표적인 역사서와 문학작품을 읽으면서 그 뿌리와 전통 그리고 깊은 속살을 들여다보고자 했고, 심지어는 대중가요까지 섭렵하여 현지 일본인들조차 놀라게 했다.

이낙연의 이런 태도와 노력은 팬덤까지 형성했다. 그가 특파원 임기를 마치고 돌아가자 그를 못 잊어 하는 현지 일본인들이 '이낙연회'라는 모임까지 만들어 그와의 추억을 새겼다. 대중 스타가 아닌 기자로서는 유례가 없는 일이다.

단순한 '지일' 수준을 넘어 손꼽히는 '일본통' 이 된 이낙연은 일본 정치와 사회를 예리하게 분석하는 기사를 써서 성과를 높였다. 그를 가까이서 지켜본 지인의 전언이다.

"이낙연은 일본(인)의 좋은 점은 가감 없이 칭찬했고, 좋지 못한 점은 거침없이 비판했다. 그래서 일본의 내로라하는 정치인이나 언론인이 그 앞에서 꼼짝 못하는 때도 있었다. 그는 그만큼 일본 현지에서조차 알아주는 최고 일본통이었지만 국내에서 일본통으로 불리는 선배 동료들 앞에서는 조금도 그런 내색을 하지 않았다."

3년 5개월, 도쿄 특파원을 지내는 동안 기자로서는 물론 자연인으로서도 이낙연의 식견과 안목은 크게 넓어지고 깊이 익었다.

1993년 4월, 이낙연은 특파원 생활을 마치고 서울 본사로 돌아왔다. 그 이듬해, 영국 유학을 마치고 돌아온 김대중은 아시아태평양평화재단 '아태평화재단' 을 설립한 후 정치 복귀의 틈을 엿보고 있었다.

일본에서 돌아온 이낙연에 대한 신뢰가 더욱 두터워진 김대중은 이때부터 이낙연을 따로 불러 연설 원고에 대한 의견을 물었다. 필요하다면 그에게 검토 및 수정까지 맡기고 싶어했다.

일본에서 돌아온 이낙연은 편집국 기획특집부를 거쳐 정치부와 국제부에서 차장으로 일했다. 이후 논설위원을 거쳐 국제부 부장을 끝으로 2000년 2월 퇴직했다. 1979년 10월에 입사한 지 20년 4개월 만이다.

그 사이 정치 일선에 성공적으로 복귀한 김대중은 1997년 제15대 대통령에 당선되어 마침내 헌정사상 처음으로 평화적인 정권 교체를 이루었다. 대통령이 된 김대중은 2000년 총선이 다가오자 다시 이낙연에게 동행을 청했다.

이낙연은 '다시 부르면 응하겠다' 는 약속을 지켜 청춘을 고스란히 바친 언론을 떠나 정치에 발을 들였다. 그의 나이 48세였다.

국회의원 이낙연, 5선 대변인의 사연

2000년 4월 16대 총선, 고향인 전남 함평·영광에서 새천년민주당 후보로 출마하여 당선되면서 정계에 입문한 이낙연은 중요한 순간마다 당 대변인을 맡아 기자 시절에 닦은 실력을 유감없이 발휘했다. 초선 시절에 당 대변인을 두 차례나 맡았고, 2002년에는 당의 대통령선거대책위원회 대변인에 이어 노무현 당선인의 대변인을 맡았다. 그리고 내친김에 대통령 취임사까지 작성했다.

그가 취임사를 작성하게 된 데는 사연이 있다. 당시 대통령 취임 준비위원은 7명이었다. 노무현 당선인은 취임사를 그들 모두에게 돌려가며 쓰게 했지만 썩 마음에 드는 글이 하나도 나오지 않았다. 구술도 여러 차례 했지만 마찬가지였다. 마지막엔 결국 그 일이 이낙연에게 떨어졌다. 노무현 후보는 그가 작성한 취임사를 보자마자 한 글자도 토를 달지 않고 흐뭇해했다. 이낙연에 앞서 취임사를 썼던 한 위원은 "대통령께서 하고 싶은 말씀이 무엇이었는지 그 글을 보니 바로 알 수 있었다"고 했다. "경이로운 경험이었고, 이낙연이 보통사람이 아니라는 걸 느꼈다"고 했다.

이렇게 민주당에서 '대변인'의 상징이 된 그는 전무후무한 '5선 대변인'으로 통했다.

이낙연은 2000년에서 2016년까지 내리 4선 국회의원을 지내는 동안 200여 건연평균 13건의 제·개정 법률안을 대표 발의하는 뚝심을 보였고, 현장 중심의 상임위원회 활동으로 현실과 동떨어진 또는 현실에 뒤처진 많은 제도를 바로잡았다.

국회 이낙연의원실에서 해마다 국정감사를 앞두고 내놓은 현장 르포는 폭로성 내용이 아니라서 국정감사 당시에는 대중의 이목을 크게 끌지 못했지만 결국 탁월한 문제의식과 해결책을 제시하는 것으로 화제를 모았다.

가령, 제17대 국회 건설교통위원회 위원으로 활동하던 2004년에는 국정감사를 앞두고 고속철도KTX와 대형 국책사업 등의 문제점을 파헤치는 현장 르포를 발표했다. 이를 위해 그는 서울역과 용산역부터 광명역, 대전역, 부산역 등을 잇달아 방문했다.

이런 남다른 의정활동 덕분에 그는 NGO 모니터단이 선정하는 국정감사 우수의원으로 10차례 선정됐으며, 국회 농식품위원회 위원장으로 활동한 2009년에는 최우수위원장 상까지 받았다.

"사람이 그러면 못쓴다… 길게 봐라"

이런 이낙연에게도 커다란 정치적 고비가 있었다.

노무현은 취임하고 나서 당선인의 대변인이던 이낙연에게 청와대로 함께 들어갈 것을 요청했다. 그러나 이낙연은 당에

남아 할 일이 많다며 완곡하게 거절했다. 당시 민주당은 대선에서 승리했지만 대선 과정에서 '후보 교체'를 두고 크게 갈등을 빚은 신주류와 구주류 간의 앙금이 그대로 남아 있었고, 어디에도 속하지 않을뿐더러 매사에 신중한 이낙연은 섣불리 운신할 수 없는 처지였다.

2003년, 결국 민주당은 당내 앙금을 씻어내지 못하고 분당의 길로 가고 말았다. 대통령을 옹위한 신주류가 탈당하여 신당열린우리당을 창당한 것이다. 대통령은 이낙연에게 여러 번 사람을 보내 신당 합류를 권했다. 이낙연은 고심의 나날을 보냈다. 명분과 의리 사이에서 갈등했다. 그러나 어머니의 한마디를 듣고 그는 접었다. 민주당에 남기로 한 것이다.

"2003년 민주당 분당 직후 어느 날 아침이었다. 어머니께 전화가 걸려왔다. '나다. 신당 가지 마라 잉!' 어머니는 그 말씀만 하시고 전화를 끊었다. 시골 노인들이 으레 그렇듯이, 어머니도 전화가 엄청나게 짧다. 전화요금이 무서워 당신 하실 말씀만 하시고, 상대편 말은 듣지도 않은 채 전화를 끊어버리신다. 나중에 어머니를 뵙고 왜 그렇게 생각하셨는지 여쭈어봤다. 어머니 대답은 역시 짧았다. '사람이 그러면 못쓴다.' 어머니는 2006년 5·31 지방선거 직후에도 내게 전화를 주셨다. 지방선거는 내게 결과가 좋지 않아서이낙연은 당시 민주당 원내대표로 지방선거를 진두지휘했지만 소수정당의 한계를 절감했다 이런저런 번민에 빠져 있었다. 그것을 알아채셨을까? 어머니는 저번 이래 처음으로 내게 다시 전화를 걸어 한마디만 하셨다. '길게 봐라.' 그걸로 끝이었다."

총선을 앞둔 2004년 2월 24일, 노무현 대통령은 방송기자클럽 초청 기자회견에서 열린우리당의 예상 의석수를 묻는 질문에 "국민들이 총선에서 열린우리당을 압도적으로 지지해줄 것을 기대한다. 대통령이 뭘 잘해서 우리당이 표를 얻을 수만 있다면 합법적인 모든 것을 다 하고 싶다"고 말했다.

그러자 야 3당한나라당, 새천년민주당, 자민련은 대통령이 선거 중립 의무를 위반했다며 선관위에 고발했고, 선관위는 대통령이 공직선거 및 선거부정방지법을 위반했다고 판정했다. 이에 야 3당은 공조하여 대통령 노무현 탄핵소추안을 국회 표결에 부쳤다. 여당이 표결에 불참한 가운데 195명이 투표하여 찬성 193표, 반대 2표로 의결했다. 찬성표가 재적의원271의 3분의 2인 181명을 훌쩍 넘긴 것이다.

반대표 2표는 자민련의 김종호 의원과 민주당의 이낙연 의원이 던진 것이다. 이낙연은 당론을 거스르고 의리를 지켰다.

어려운 선택이었지만 잘못된 것은 백 번 생각해도 잘못된 것
이라는 소신을 아무도 꺾지 못했다.

이윽고 치러진 17대 총선에서 야 3당은 대통령 탄핵 추진 역
풍을 맞았다. 여당이 과반을 차지하여 국정 운영 동력을 확보
한 반면, 한나라당은 120석을 넘겨 참패를 모면하는 정도로 한
숨 돌렸지만 민주당과 자민련은 10석의 민주노동당에도 못 미
치는 참패를 당했다.

이낙연은 여론의 열세를 뒤집고 기적적으로 당선되었지만 당
의 참패로 웃을 수가 없었다. 당을 추스른 그는 묵묵히 야당의
할 일을 해나갔다. 정부여당에 대고 쓴 소리도 아끼지 않았다.

자기 목에 방울을 다는 이상한 국회의원

그해 재선 의원이 된 이낙연은 국정감사가 끝난 직후에, 동
료 국회의원들이나 국정감사 피감기관들이 싫어할 만한, 그러
나 국민들은 환호할 만한 제안을 내놓는다. "상시 국정감사가
필요하다." 그는 상시 국감이 필요한 이유를 이렇게 들었다.

"질의든 답변이든 발언 시간이 너무 짧다. 소속 의원이 많은
상임위는 의원 1인당 문답 시간이 10분에 불과하다. 그러니 깊

이 있는 추궁이나 토론은 거의 불가능하다. 어떻게든 보완해야 한다. 상시 국감이 대안이라고 생각한다."

그러나 이 제안에 귀를 기울이는 의원은 거의 없었다. 돌아오지 않은 메아리로 묻히고 만 이 제안은 나중에 다시 이낙연의 분투로 일부나마 결실을 보게 된다. 그는 자신이 좀 고생되는 일이라도, 그래서 아무도 모른 척하더라도 그것이 필요한 일이라면 끝내 포기할 줄 몰랐다. 그는 자기 직무에서만큼은 그저 흐리멍덩한 타협이나 비겁한 태만을 결코 용납하지 않았다.

2008년 2월, 18대 총선을 앞두고 정권이 바뀌어 이명박 정부가 출범한 가운데 위기감을 느낀 범민주세력이 다시 하나로 합쳤다. 우여곡절 끝이었다. 그러나 이윽고 치른 총선에서 통합민주당은 수도권에서조차 궤멸적인 참패를 당함으로써 범보수세력에 3분의 2에 이르는 의석을 내주고 말았다. 보수 정부여당에 대한 견제 능력을 완전히 상실하고 만 것이다.

이런 정세에서 3선 의원이 된 이낙연은 국회 농림수산식품위원회 위원장이라는 중책을 맡았다. 농축수산업은 구조적인 문제가 산적했다. 그는 농업을 공부하는 한편 문제 해결의 활로를 찾는 데 온힘을 쏟았다.

상임위 활동도 우리 농업 살리기에 초점을 맞췄다. 국회의 역할은 필요한 법안으로 농업의 활로를 뒷받침하는 데 있다고 확신한 이낙연은 괄목할만한 상임위 활동을 벌여나갔다. 당시 전체 상임위 법안 통과율이 30퍼센트에 불과했는데, 농림수산식품위원회만 그 두배인 60퍼센트나 되었다. 그것도 야당 위원장에 여당 위원이 훨씬 많은, 갈등지수가 높은 구조에서 이뤄낸 결실이다. 위원장으로서 그의 리더십이 돋보이는 대목이다.

이런 비결은 이낙연 위원장이 상임위에서 3가지를 없애고 3가지를 높인 데 있다. 정쟁, 정회, 지각개의는 없앤 반면에 예측가능성, 균형, 정합성은 높였다. 누구랑 밥을 먹는 자리에도 농업 관련 정책 담당자, 전문가, 이해당사자들을 참석시켜 자연스럽게 대화를 열었고, 필요하면 끝장토론을 벌였다.

그는 이렇게 해서 산적한 문제들을 하나씩 풀어나갔다. 이해당사자들의 이해가 첨예하게 엇갈려 20년이나 묵은 난제인 농협법 개정도 이때 잡음 하나 없이 만장일치로 처리되었다. 당시 이 일을 함께한 정부 당국자는 이낙연의 인품과 합리적인 일처리에 감탄했다.

"야당 소속 위원장이면 정부안에 반대를 위한 반대를 하는 경우가 많은데, 이낙연 위원장은 합리적이었다. 무엇보다 현장이나 농민의 요구를 잘 알고 있었고. 개정안에 대해 농협의 저항이 완강했는데, 이분들과 자주 만나서 얘기를 들으면서 현실적인 대안을 찾으려고 전심전력을 기울였다."

그가 농림수산식품위원회를 지원한 것도 그렇고, 위원장으로서 온힘을 쏟은 것도 누구보다 농업의 중요성을 잘 알기 때문이었다. 물론 우리 농업과 농민에 대한 관심과 애정도 크게 작용했다. 일본 농장 시찰에 동행했던 농림부 고위 관료도 그의 농업에 대한 비상한 관심과 식견에 놀라움을 감추지 못했다.

"일본의 한 농장에 배울 게 있어서 함께 방문한 적이 있다. 정부 쪽에서 안내를 해야 마땅한데 정부 쪽 책임자인 내가 무안할 정도로 오히려 이분한테 안내를 잘 받았다. 그런데 이분 질문이 하도 날카로워서 공무원들이 진땀을 뺐다. 함께 다니면서 이분 안목이 남다르다는 걸 여러 번 확인했는데, 무엇보다 농민의 시선으로 농업을 바라보니까 머리로 이해하는 정도가 아니라 마음으로 느끼는 거였다. 게다가 더 나아가 '이게 지금 당장은 시원찮아 보여도 5~10년 뒤에는 각광받을 것이다', 혹은 '저건 머잖아 세계가 이렇게 받아들일 것이다' 하고 전망하는 걸 보고 '이분은 미래를 내다보는 안목이 탁월하구나' 싶었다."

이낙연은 3선 의정 활동의 전반기를 이렇게 보내고, 후반기에는 보건복지위원회에서 활동하면서 7년 전에 꺼냈다가 묵혀둔 '상시 국정감사'를 현실화했다. 공식 국감이 끝난 뒤에도 피감기관의 문제점을 계속 지적하며 개선을 촉구했다. 국감에서 약속한 사항이 잘 이행되고 있는지 일 년 내내 수시로 점검에 나서는 상시 국감을 독자적으로 실행한 것이다.

이 결과물을 〈이낙연의 상시 국감〉이라는 자료집으로 펴내면서 이낙연은 상시 국감에 대한 자신감을 내비쳤다.

"상시 국감의 필요성은 꽤 오래 전부터 수차례 제기되어 왔지만 정작 실현되지는 않으니, 이번에 그것을 혼자라도 해보고 싶었고, 해보니 가능하다는 것을 확인했다."

노인, 취약계층, 보육, 식품, 의약품, 보건의료와 같은 국회 상임위(보건복지위원회) 활동 분야를 중심으로 행정부의 감시와 견제, 기타 사회 분야까지 더해 8개 주제로 구성된 자료집이 2011년 국감장에 도착하자 다른 국회의원들은 경악했다. 한 보좌관의 회고다.

"상시 국감을 한다니 다들 설마 했을 것이다. 그런데 막상 자료집이 수레에 실려 국감장에 도착하자 다른 의원실 보좌관들이 나한테 대고 성토를 쏟아냈다. 징그럽다, 너무하는 거 아니냐, 우릴 죽이려는 거냐…. 우선 자료집 두께에 질린 표정들이었다. 1천 쪽이 넘었으니 그럴 만도 했다. 그 뒤로 다른 의원실에서는 전화번호부로 불렀다."

이낙연의 상시 국감은 곳곳에서 뚜렷한 성과를 냈다. 무엇보다 국감을 대하는 피감기관들의 태도가 확연히 달라졌다. 일년 내내 국감을 하니까 수시로 들이닥치는 자료 요청이나 시정 요구에 응해야 하는 피감기관들로서는 잠시도 긴장을 늦출 수 없었고, 문제를 어영부영 넘길 수도 없었다. 그래서 어차피할 바에야 지적당하기 전에 선제적으로 문제를 해결하는 쪽으로 피감기관들의 태도가 바뀌었다.

이낙연은 이처럼 상시 국감을 시작으로 국회 업무 현장의 문화와 분위기를 실질적으로 바꾸어나갔다. 시늉이 아니라 실제로 문제를 찾아내고 해결하는 쪽으로 방향을 틀어 국회 본래의 역할을 회복하고자 했다.

이런 열정적인 의정활동을 인정받아서인지 그는 2012년 19대 총선에서 어렵잖게 4선 의원이 되었다.

현장에서 시작해 현장에서 끝을 보는 정치

4선 의원 이낙연은 2014년 지방선거에 나서기 위해 임기 절반을 남겨두고 의원직을 사퇴했다. 그는 새정치민주연합 전라남도지사 후보로 출마해 당선됐다.

속을 모르는 사람들은 여러 여건상 그가 손쉽게 당선된 줄로 알지만 쉽지 않은 여정이었다. 우선 당내 경선부터가 높은 벽이었다. 거의 승산이 없다는 예측이 지배적이었다.

그러든 말든 이낙연은 "현장에서 답을 찾겠다"며 도내 민생 현장을 초인적으로 누비고 다녔다. 얼마나 힘들었던지 차에 들어와 혼자 울기도 했다. 몸이 파김치가 된다는 말이 이런 건가 싶도록 고단한 나날이었다. 그러나 절실했던 그는 결국 그 모든 것을 이겨냈다.

"당시에 돈이 없어서 광주시내 싸구려 원룸에서 지냈다. 겨울에 곰팡이가 슨 바지를 입으면 그게 피부에 달라붙었다. 안 그래도 곰팡이 같은 내 인생. 여론조사에서도 졌고, 현장 투표에서도 무지하게 불리했다. 결국 현장 연설에서 뒤집어졌다. '여러분, 저는 의원도 사퇴했습니다. 제가 집에 가서 놀 것인가, 일을 좀 더 할 것인가는 여러분에게 달렸습니다. 여러분이 시키는 대로 할랍니다.'"

대반전의 드라마가 펼쳐진 끝에 그는 결국 백수를 면했다. 그것도 77.96퍼센트, 전국 최고 득표율이었다.

이로써 그는 입법가로서의 오랜 이력에 행정가로서의 경력을 추가하며 새로운 리더십을 경험했다.

여기서도 그의 현장 중시 철학은 어김없이 빛을 발했다. 전라남도는 농어촌과 외딴 섬들이 어느 지역보다 많아서 현장 행정이 절실히 필요하기도 했다. 이낙연은 애주가로 알려졌는데, 쌀 소비를 촉진하는 뜻에서 막걸리만 마시는 것으로 유명했다. 현장에서 농어민들과 어울리는 데는 막걸리만한 술이 없기도 했다. 그는 지역민들하고만 막걸리를 마신 게 아니라 도청 직원들, 취재 기자들하고도 막걸리만 마셨다. 그의 절절한 막걸리 애호는, 그가 말만 앞세우는 정치인이 아니라 늘 그 자리에 맞게 몸으로 실천하는 언행일치의 면모를 잘 보여주는 좋은 사례다.

이낙연은 궁핍하게 자란 자신의 어린 시절을 잊지 않고 늘 낮은 자세로 소외되고 낮은 데를 먼저 살피는 따뜻한 행정을 폈다. 산간도서벽지 어르신들이 나들이하게 편하도록 실시한 '100원 택시' 나 어려운 환경에서 학업에 전념할 수 있도록 하는 '개천에서 용 나게 하는 사업' 또는 '주거환경 취약계층 행복둥지 사업' 이나 '서민 빚 100억 탕감 프로젝트' 같은 것들이 다 따뜻한 행정의 표본이다.

이낙연 지사는 젊어지는 지자체, 약동하는 지자체를 위해 어느 누구보다 적극적으로 일자리 창출에 심혈을 기울였다.

도민들 삶의 질 향상을 위해 신발이 닳도록 곳곳을 누비며 세심하게 보살폈다. 이처럼 전국 광역단체장 업무수행평가에서 수위를 다툴 만큼 탁월한 행정을 펼치던 그에게 인생의 결정적인 전환점이 다가오고 있었다.

2017년 3월 10일, 헌법재판소가 재판관 전원일치로 대통령 박근혜 탄핵소추안을 인용함으로써 현직 대통령이 임기 중에 파면되고 조기 대선이 치러지게 되었다. 선거법상 파면일로부터 60일 이내에 새 대통령을 뽑는 선거를 실시해야 하는 규정에 따라 마지노선인 5월 9일이 선거일로 정해졌다.

그날, 촛불집회의 염원을 안고 민주당 문재인 후보가 제19대 대통령에 선출되었다. 이튿날인 10일, 곧바로 제19대 대통령이 취임식을 갖고 취임했다. 선거 이후 모든 절차가 그야말로 전격적이었다. 국정 공백을 최소화하기 위해 인수위원회 인수 과정을 생략한 것이다. 내각 인선에서부터 모든 것이 숨 가쁘게 돌아갔다.

내각 인선은 총리 지명부터 시작되는데, 총리 후보를 미리 낙점해두었는지 문재인 후보 당선이 확정된 10일 아침에 "상경하여 대기하시는 것이 좋겠다"는 통보를 받았다. 임종석 당선인 비서실장이 전화를 걸었는데 자느라 못 받았더니 좀 지나서 그런 문자를 보내왔다.

이는 미리 교감된 사안이라서 이낙연도 마음의 준비는 하고 있었다. 대선 열흘 전쯤에 임종석 실장을 통해 만약 대선에서 승리한다면 연락이 갈 테니 준비하라는 얘기를 전달받은 터였다.

타인의 고통에 공감하는 감성이 몸에 밴 사람

대통령 취임식에 참석하고 내려온 이낙연은 이튿날 11일, 전남도의회 의장에게 사임통지서를 제출했다. 전남도는 의회 통보 절차를 마치고 12일 오전에 퇴임식을 열었다. 13일 오전에 이낙연은 세월호 미수습자 가족과 유가족이 있는 목포 신항을 방문했다. 총리가 되어 가더라도 다시 찾아뵙겠다며, 남은 가족들의 손을 부여잡으며 눈시울을 붉혔다.

"오후에 상경해요. 이삿짐을 싸놓고 우리 가족들에게 마지막은 아니지만 작별 인사를 드리러 왔습니다. 앞으로 총리로서 현장과 해수부, 가족들과 정부 부처 서로 간 어긋나는 일이 없도록 중간에서 노력하겠습니다. 전화번호는 바꾸지 않을 테니 도움이 필요하면 언제든 연락하세요. 또 오겠습니다. 밥 잘 드시고, 건강에 유의하셔야 해요."

이낙연이 전남도지사 후보로 선거운동을 하고 있을 때 세월호 참사가 터졌다. 그는 그때부터 도지사로 일할 때는 물론이고 총리가 되어서도 변함없이 관심을 갖고 세심하게 살폈다. 한시도 잊지 않고 그 슬픔을 내내 함께하려 노력했다.

2019년 4월 20일, 그는 세월호 및 영화 관련자들과 함께 세월호 참사 이후 유가족의 이야기를 다룬 영화 〈생일〉을 총리로서 관람했다. 그의 손에는 세월호 추모 시집 《언제까지고 우리는 너희를 멀리 보낼 수가 없다》가 들려 있었다. 그는 영화를 보면서 여러 번 눈물을 닦았다. 영화를 보고 나온 그는 뜻 깊은 말을 남겼다.

"타인의 고통을 대할 때 제일 해서는 안 되는 게 함부로 위로하는 것입니다. 위로한답시고 더 심한 고통을 겪는 사람이 있다고 말하면 안 됩니다. 가족들은 우주에서 유일무이한 고통을 겪고 있다고 생각합니다. 고통은 비교하면 안 됩니다. 시간이 지나면 나아질 것이라고 말하는 것도 안 됩니다. 옆에 있으면서 의미 없어 보이는 일을 하는 겁니다. 커튼을 열어주고, 물 가져다주고, 방 청소해주고, 그러면서 믿음이 생기고 세월이 한참 지나 말을 걸어주면 됩니다."

이렇듯 이낙연은 타인의 고통에 공감하는 감성이 몸에 밴 사람이었다. 그래서 그의 관심과 시선은 늘 사회적 약자, 고통을 겪는 사람들, 낮은 곳, 그늘진 곳에 가 있었다. 그는 기자일 때도 그랬고 정치인으로서는 더욱 그랬다.

이낙연은 새로운 정치인의 모습을 보여주었다. 특히 국정을 총괄하는 총리로 재직할 때 새로운 면목을 보여주었다. 그래서 전례 없이 국민의 사랑을 받는 총리가 되었다. 그러면 그 새로움이란 뭘까?

고금의 병법에서 "싸우지 않고 이기는 것이 최선"이라는 건 공통된 상식이 되었다. 사람들은, 특히 정치인들은 이걸 알면서도 진흙탕 싸움에서 좀처럼 벗어나지 못했다. 왜 그런 걸까? 자기 주장, 자기 입장만 내세우느라 상대방을 조금도 헤아리려 하지 않기 때문이다. 나만 옳고 상대방은 틀렸다는 이분법에 갇혀 살기 때문이다. 한마디로 상대방을 물리쳐야 할 적으로만 여기기 때문이다. 그런데 이낙연이 그런 프레임을 통쾌하게 허물어버린 것이다.

정치는 언어로 하는 것인데, 그는 어떤 상황에서도 대결의 언어, 적대의 언어, 비난의 언어, 변명의 언어, 비속의 언어를 쓰지 않았다. 누가 어떤 억지를 쓰든, 가짜뉴스로 싸움을 걸어오든 그는 결코 맞서지 않고도 상대방이 스스로 깨닫거나 머쓱해지도록 만들었다. 상대방이 적대하는 말로 대들면 그는 거기에 반박하여 싸우는 대신 우리는 적이 아니라 친구라는 것을 깨쳐주어 상대방이 스스로 부끄러워 하도록 했다. 이로써 이낙연의 정치 20년은 우리 정치의 새로운 가능성, 새로운 리더십을 보여주면서 우리 정치에 희망을 주었다.

우연 같은 필연,
김대중-노무현-문재인과의 인연

이낙연은 김대중의 무엇에 이끌렸을까?

_____ 이낙연은 평생 정치 현장을 떠나본 적이 별로 없다. 기자일 때도 주로 정치부를 담당해서 늘 정치 현장에 있었고, 정치에 입문해서는 거의 쉴 틈도 없이 정치 현장을 지켰다. 그런 정치와의 인연만큼이나 김대중을 비롯하여 노무현, 문재인과의 인연은 더욱 각별하다. 누구 말대로 운명이었다.

김대중은 우리 민주정치사의 진정한 태두이자 상징이다. 그가 닦은 민주주의의 토대 위에 기둥을 세우고 서까래를 얹고 지붕을 덮은 정치인이 노무현과 문재인이다. 그런데 이들 세 정치인과 이낙연은 기이하리만큼 깊이 교감하고 소통하는 인연으로 어우러졌다. 그러면서 이낙연은 이 세 거목의 장점을 고루 배워 갖추는 행운을 가졌다. 이낙연의 어떤 면이 이들에게 깊고 단단한 신뢰감을 주었을까.

1970년, 서울대법대 신입생이던 이낙연은 김대중이라는 정치인에게 깊은 인상을 받았다. 당시 대통령 선거에 나온 김영삼, 이철승, 김대중 세 명의 40대 후보가 겨룬 신민당 대통령 후보 경선은 파란의 드라마였다. 1차 투표에서 김영삼에 열세였던 김대중은 결선 투표에서 역전의 드라마를 쓰고 후보가 되었다.

선거 열기가 뜨거운 이듬해 4월 18일, 이낙연은 학교 수업도 빼먹은 채 김대중의 연설을 듣기 위해 장충단 공원에 있었다. 백만 인파가 운집한 연설장은 그야말로 인산인해였다. 비록 먼 발치였지만 점점 더 미쳐가던 박정희 정권을 향해 사자후를 토하던 김대중의 모습을 보고 그는 전율했다. 김대중은 이때 박정희의 유신독재를 예언했다.

"여러분! 이번에 정권 교체를 하지 못하면 이 나라는 박정희 씨의 영구집권의 총통시대가 오는 것입니다. 공화당은 지난 개헌 때 이미 박정희 씨를 남북통일이 될 때까지 대통령을 시키려고 했으나 그 당시는 아직 자기 공화당 내부나 야당이나 국민이나 거기까지는 할 수 없어서 못 했던 것입니다. 나는 공화당이 그런 계획을 했다는 사실과 이번에 박정희 씨가 승리하면 앞으로는 선거도 없는 영구집권의 총통시대가 온다는 데 대한 확고한 증거를 가지고 있습니다."

아니나 다를까, 박정희는 미리 준비하고 있었던 듯 이듬해 유신 쿠데타를 일으켜 헌정을 중단시키고 종신집권 체제를 굳혔다.

"아직 나는 그분의 명복을 빌 준비가 되어 있지 않다"

그로부터 17년이 지난 1987년, 이낙연은 김대중과 처음으로 직접 대면했다. 동아일보 정치부 기자 이낙연이 평민당 총재 김대중을 취재하게 된 것이다. 김대중은 그간 숱한 고난을 겪고 살아남아 다시 대통령 선거에 나섰는데, 이낙연은 김대중 전담 기자로서 전국 순회 유세에 동행했다. 그가 존경해온 정치인과 격동의 정치 현장을 함께하게 된 것이다.

이 선거에서 김대중은 김영삼과 야권 단일화를 이루지 못해 다시 신군부 세력에게 권력을 헌납하고 말았다는 비판을 피하지 못했다. 김대중 자신도 크게 후회한 일이었다.

김대중은 자신을 전담하여 밀착 취재하는 이낙연 기자에게 남다른 신뢰와 애정을 가졌는데, 그가 평소 이낙연을 대하는 태도에서 그런 마음이 묻어나온다.

"야당 총재 하실 적에 승용차로 이동할 때면 나는 당신 옆자리에 스스럼없이 앉아 갈 수 있는 특권을 누렸다. 당시 운전기사 분이 그런 그분의 마음을 헤아렸는지 빈 차일 때도 옆자리에 나를 미리 태워주었다. 그러면 나중에 그분이 와서 '누가 주인 허락도 없이 먼저 탔는가?' 하면서 탔다. 그러고는 무슨 얘기든 거리낌 없이 해주었다. 어떤 때는 나에 개의치 않고 주무시기도 했다. 그때 참 많은 얘기를 들었다."

김대중은 누구에게나 이처럼 스스럼없이 대하는 편이 아니었다. 아니 오히려 사람을 대하는 데 깐깐했다. 김대중은 기명 기사가 아닌데도 이낙연이 쓴 기사는 금세 알아볼 정도로 그의 재능을 아끼고 기자로서의 태도를 신뢰했다. 그러기에 가능한 일이었다.

김대중은 1992년에 치러진 다음 대선에서는 3당 합당을 통해 여권 후보로 변신한 김영삼에게 패했다. 그는 한 번을 더 기다려 1997년 대선에서 승리함으로써 마침내 처음으로 선거에 의한 정권을 이뤘다. 김대중을 전담 취재한 지 10년 만이었다. 이낙연은 그 파란의 역정을 거의 함께했다. 그는 특히 김대중의 "서생적 문제의식과 상인적 현실감각"을 좋아했다. 정치를 한다면 그런 그를 배우고 싶었다.

2000년 총선을 앞두고 다시 김대중의 부름을 받은 이낙연은 기자에서 정치인으로 옷을 갈아입었다. 그해 총선에서 고향인 영광·함평의 새천년민주당 후보로 출마하여 당선됨으로써 정치인으로 첫발을 내디뎠다.

노무현의 정치적 은사가 김영삼이었던 것처럼 이낙연의 정치적 은사는 김대중이었다. 그러나 노무현은 은사하고 갈라선 반면 이낙연은 은사와 끝까지 함께 가는 행운을 누렸다. 2009년, 김대중이 파란의 일생을 마치고 눈을 감았을 때 이낙연은 그를 만나 함께한 것은 하늘의 축복이라고 했다. 그의 죽음이 도무지 실감나지 않는다며 비통해했다.

"나는 많은 문제에 부딪힐 때마다 '만약 그분이었다면 이 문제를 어떻게 했을까' 생각하곤 한다. 나는 그분께 영원히 감사해야 한다. 그분이 계셔서 나는 행복했고, 충실했다. 아직 나는 그분의 명복을 빌 준비가 되어 있지 않다. 내게 그분은 아직 살아 계신다."

이낙연은 이처럼 거목의 영향을 받으며 그 안에 또 하나의 거목을 키워갔다.

"지름길을 모르거든 큰길로 가라"

2008년, 노무현이 서거하자 김대중은 "내 몸의 반이 무너진 것 같고, 날개 한쪽이 뜯겨 없어진 것 같다"며 슬퍼했다. 그런 노무현을 이낙연이 정치 현장에서 만난 것은 2000년 초선 의원으로 정치에 입문했을 때다. 당시 노무현은 같은 당의 대변인이었다. 이후 노무현은 김대중 정부의 해양수산부 장관을 거쳐 차기 여당 대통령 후보 경선에 도전했다. 2002년 대선 새천년민주당 후보 선출 국민경선에 참여한 노무현은 이인제 대세론을 잠재우는 경선 사상 가장 극적인 드라마를 연출하며 최종 후보로 선출되었다.

이로써 새천년민주당 대통령선거대책위원회가 꾸려졌다. 노무현 후보는 이낙연에게 선대위 대변인의 중책을 맡겼다. 노무현은 이때 이미 이낙연을 알아본 것이다.

그런데 대선이 가까워오면서 노무현 후보의 지지율이 떨어진 상태에서 좀처럼 반등할 낌새가 보이지 않는 가운데 야당의 이회창 후보가 멀찌감치 앞서 나가고 있었다. 공교롭게도 한·일 월드컵에서 우리 대표 팀이 이룬 4강 신화를 업고 정몽준 대한축구협회 회장의 주가가 치솟고 있었다. 당내에서 후단협 의원들을 중심으로 후보를 흔들고 심지어는 후보 교체까지 공공연히 거론하는 작태를 벌였다. 그러자 선대위 대변인 이낙연이 작심하고 이들을 향해 일침을 날렸다.

"지름길을 모르거든 큰길로 가라. 큰길을 모르겠거든 직진하라. 그것도 어렵거든 멈춰 서서 생각해보라."

좌고우면하지 않고 이런 험난한 길을 함께 헤쳐가며 노무현과 이낙연 사이에는 깊은 신뢰와 존경심이 쌓여갔다. 그들은 드라마보다 더 극적인 순간들을 연출하며 새로운 역사를 만들어갔다. 대선은 반전을 거듭했지만 결국 노무현이 승리했다. 이낙연은 노무현과의 동행을 당선인의 대변인으로 이어갔다. 자연히 대통령 취임사까지 작성하게 되었다. 그는 이때를 "인생에서 가장 충실하고 치열했던 순간, 그리고 대변인으로서 최고의 순간"으로 기억했다.

"나는 행복한 대변이었다. 대변인으로 뛴 대선에서 승리했다. 그렇게 탄생한 당선인의 대변인으로 계속 일했다. 대통령 취임사를 최종으로 다듬어 드렸다. 대통령께서 그 취임사를 낭독하고 청와대로 들어갔다. 대변인으로서 뭘 더 바라겠는가."

"멈추거나 되돌아가지 않겠습니다"

그러나 앞서 얘기했듯이 새 정부가 출범한 직후에 당이 분열되고, 열린우리당이 창당되어 정부여당이 떨어져나가고, 이낙연은 민주당에 남음으로써 두 사람의 동행이 끝났다. 대통령이 여러 차례 신당 참여를 권유했지만 그는 "사람이 그러면 못쓴다"는 어머니의 충고를 받아들여 끝내 꽃길 대신 명분을 따랐다.

그리고는 얼마 후, 민주당을 포함한 야 3당이 대통령 노무현 탄핵소추안을 표결에 부쳤을 때 이낙연은 당에서 유일하게 반대표를 던졌다. 물론 탄핵 사유가 안 된다는 소신 때문이었지만 노무현에 대한 의리 때문이기도 했다.

이낙연은 2017년 10월, 문재인 정부 초대 총리로서 봉하마을을 찾아 참배한 후 방명록에 "나라다운 나라로 사람 사는 세상 이루겠습니다. 당신을 사랑하는 못난 이낙연." 이라고 적었다. 그는 나중에 인터뷰에서 기자가 "못난"의 의미를 묻자 "열린우리당 창당 당시 합류하여 도와드리지 못한 것에 대한 미안한 마음"이라고 했다. 비록 정치적 입장 차이로 잠시 떨어져지냈지만 두 사람은 늘 서로가 그리운 정치적 동지였음을 한시도 부정하거나 잊은 적이 없었다.

2019년 5월 23일, 총리 이낙연은 문재인 정부의 대표로 고 노무현 전 대통령 10주기 추도식에 참석했다. 그는 추도사를 통해 노무현 전 대통령이 자신에게 어떤 존재였는지, 남은 이들에게 어떤 영향을 끼쳤는지, 우리 민주주의 역사에 어떤 이정표를 세웠는지 절절하게 증언했다. 조지 W. 부시 전 미국 대통령도 참석한 자리였다.

"대통령님은 저희가 엄두내지 못했던 목표에 도전하셨고, 저희가 겪어보지 못했던 좌절을 감당하셨습니다. 그런 대통령님의 도전과 성취와 고난이 저희들에게 기쁨과 자랑, 회한과 아픔이 됐습니다. 그것이 저희를 산맥으로 만들었습니다. 그런 모든 과정을 통해 대통령님은 저희에게 많은 것을 남기셨습니다. 희망과 고통을, 그리고 소중한 각성을 남기셨습니다.

대통령님은 존재만으로도 평범한 사람들의 희망이셨습니다. 대통령님의 도전은 보통 사람들의 꿈이었습니다. '사람 사는 세상'을 구현하려는 대통령님의 정책은 약한 사람들의 숙원을 반영했습니다. 사람들은 처음으로 대통령을 마치 연인이나 친구처럼 사랑했습니다. 사랑에는 고통이 따랐습니다. 대통령님의 좌절은 사랑하는 사람들에게 깊은 아픔을 주었습니다. 가장 큰 아픔은 세상의 모멸과 왜곡으로부터 대통령님을 지켜드리지 못했다는 자책이었습니다. 고통은 각성을 주었습니다. 대통령님 퇴임 이후의 전개는 그 각성을 더 깊게 했습니다. 늘 경계하지 않으면, 민주주의도 정의도 위태로워진다는 것을 사람들은 알게 됐습니다.

최선으로 공들이지 않으면, 평화도 안전도 허망하게 무너지는다는 것을 깨달았습니다. 사람들은 대통령님 말씀대로 '깨어 있는 시민' 이어야 한다는 것을 각성했습니다. 각성은 현실을 바꾸기 시작했습니다. 사회는 다양성을 더 포용하게 됐습니다. 약자와 소수자를 보는 사회의 시선도 조금씩 관대해졌습니다.

그러나 대통령께서 꿈꾸시던 세상을 이루기까지는 갈 길이 멉니다. 그래도 저희는 그 길을 가겠습니다. 대통령님을 방해하던 잘못된 질서도 남아 있습니다. 그래도 저희는 멈추거나 되돌아가지 않겠습니다."

이낙연의 추도사는 '노무현 정신'을 새삼 일깨우면서 모두를 숙연한 감동의 도가니에 빠뜨렸다. 사람들은 뜨거운 갈채를 보냈다. 추도식이 끝나고 떠나는 이낙연에게 사람들은 갈채만큼이나 뜨거운 환호를 보냈다. 운명이다. 문재인이 노무현의 운명이었던 것처럼 이낙연도 노무현의 운명이다. 우리 사회의 민주주의가 깊이 뿌리를 내리고 성숙하기까지는 피할 수 없는 운명이다.

문재인의 숙제, 이낙연의 운명

문재인과 이낙연의 인연은 언제 시작되었을까? 노무현 전 대통령의 갑작스럽고도 비통한 서거가 가장 큰 계기로 작용하지 않았을까.

2002년, 노무현이 대선에 나서고 문재인은 부산선대본부장을 맡았다. 대선 승리 뒤 문재인이 청와대로의 동행을 주저하자 노무현은 "당신들이 나를 정치로 나가게 했고 대통령을 만들었으니 책임져야 할 것 아니냐"며 몰아붙였다. 이에 문재인은 민정수석을 맡으면서 "민정수석으로만 끝내고 나를 정치에서 놓아달라"는 조건을 내걸었다.

그런데도 2004년 총선을 앞두고 여당에서 총선 출마 압력이 거세지자 그는 건강 문제를 이유로 사직하고 네팔로 긴 여행을 떠나 연락을 끊었다. 그러던 중 카트만두 영자지에서 대통령 탄핵 소식을 보자 즉시 귀국하여 대통령 대리인단 간사를 맡아 동분서주했다.

대통령이 업무에 복귀하면서 청와대 시민사회수석비서관을 맡은 문재인은 민정수석을 거쳐 비서실장으로 노무현 정부 임기를 함께했다. 대통령이 퇴임하자 더불어 홀가분하게 정치를 벗어난 그는 경남 양산 집으로 내려가 칩거했다.

그러나 운명은 그를 정치에서 놓아주지 않았다. 이명박 정권의 모진 핍박 가운데 일어난 노 전 대통령의 갑작스러운 서거 이후 그는 더욱 거센 정치의 소용돌이에 휘말렸다. 서거 소식을 직접 발표하고, 국민장의위원회 상임집행위원장을 맡아 상주 역할을 했다. 이낙연은 이때 장례식을 진행되는 과정에서 문재인에게 깊은 인상을 받았다.

"노무현 전 대통령 장례식 때였다. 국민장의위원회 상임집행위원장인 그가 조문객이 올 때마다 자기 자리를 내주느라 나중엔 말석으로 밀려나던 장면이 또렷하다. 보통 겸손한 분이 아니라는 인상을 받았다. 권력욕이 있으면 그렇게 하기 어렵다."

이때는 3선의 이낙연이 국회 농림수산식품위원회 위원장으로 맹렬히 활약하고 있을 무렵이었다.

한편 문재인은 국민장을 치른 이듬해 노무현재단 이사장을 맡으면서 정치와는 일정한 거리를 두려 했지만 민주당에서는 줄곧 당의 중심 역할을 해줄 것을 제기했다. 문재인 자신 역시 정치에서 벗어나려 했지만 노무현이 남긴 숙제를 떠안게 되면서 정치 전면에 나서야 하는 운명을 피해갈 수 없었다.

"노무현 당신은 이제 운명에서 해방됐지만, 나는 당신이 남긴 숙제에서 꼼짝하지 못하게 되었다."

'단독적' 이어서 서로 더 깊이 신뢰한 정치적 동지

2011년, 민주통합당 창당에 참여한 문재인은 이듬해 총선에서 부산 사상구에 출마하여 새누리당 후보를 물리치고 당선됐다. 새누리당이 당선을 당연하게 여겨온 지역구에서 민주당 후보가 사상 처음으로 당선됨으로써 문재인의 존재감은 더욱 커졌다.

2012년 6월 18대 대선 출마를 공식화한 문재인은 민주통합당 국민경선에서 손학규 등을 제치고 민주통합당 대선 후보로 지명되었다. 이후 진보당 후보와 무소속 안철수와도 후보 단일화를 이룸으로써 야권 단일후보로 여당 박근혜 후보와 겨루게 되었다.

이때 이낙연은 문재인 후보 공동선대위원장으로 발탁되었다. 그는 애초에 열린우리당에도 참여하지 않는 등 노무현-문재인 라인과는 일정한 거리를 유지해왔지만 노무현이 그랬듯이 문재인도 그를 늘 눈여겨보아온 터였다. 이낙연은 정치를 하면서 '누구의 사람'이 되는 것을 경계해서 무슨 연줄이나 세력은 없었지만 그 자질과 인품은 감출 수 없는 것이어서 눈 밝은 이에게는 낭중지추로 드러나게 마련이었다. 그래서 문재인은 순전히 그의 능력과 인품만 보고 그에게 선대위원장의 중책을 맡겼다.

문재인은 당시 선대위 이름을 '용광로'로 지었다. 당내 경선이 치열했던 만큼 내부 갈등의 골도 깊었다. 그런 갈등을 용광로로 녹여 하나로 화합하자는 뜻이었다. 화합은 당을 넘어 국민화합까지 그 의미를 확장하자는 것이었다. 이낙연 공동선대위원장이 중심을 잡고 그 역할을 수행했다.

이를 계기로 두 사람은 공감대를 넓히면서 더욱 깊이 신뢰하는 정치적 동지가 되었다. 굳이 입 밖에 내지 않아도 서로 어떤 사람인지, 누구보다 잘 아는 사이가 되었다. 불가에서는 이를 심우心友라고 한다. 마음과 마음으로 깊이 믿고 의지하며 서로 이해하여 함께하는 벗이라고 생각된다.

대선 패배 후, 두 사람은 의정 일선으로 돌아갔다. 문재인은 대선 패배의 후유증에 휩싸인 당을 추스르는 데 힘을 쏟다가 2015년부터는 당 대표로 앞에서 당을 이끌었다. 이낙연은 2014년 지방선거에서 전라남도지사에 당선되어 행정가로 변신했다. 줄곧 정책 입안자로만 활동해온 그가 정책 집행자로서 경험을 쌓을 좋은 기회였다. 어쩌면 하늘이 이때 총리로서의 역량을 미리 키우라며 지사로 내려보낸 건 아니었을까.

그런데 2016년, 박근혜 정권의 비선 실세 최순실의 존재와 심각한 국정 농단이 드러났는데도 이를 숨기고 여론을 호도하려 했다. 게다가 2014년 세월호 참사가 일어났을 때 대통령이 직무를 유기한 정황까지 드러났다. 그러자 가을부터 대규모 촛불시위가 벌어졌다. 망가진 정권은 급기야 시위에 굴복하고 대통령은 탄핵되었다. 2017년 5월로 조기 대선이 결정되었다.

정파를 떠나 자기 소신을 지키는 이낙연의 태도

2017년 5월 9일, 문재인이 제19대 대통령에 당선되었다. 인수위 기간 없이 이튿날 곧바로 국회에서 대통령 취임식이 거행되고 새 대통령 임기가 시작되었다. 대선 기간에 미리 총리로 내정된 이낙연은 즉시 총리 인준 청문회 준비에 들어갔다. 대통령은 취임 2주 만에 자신이 원하는 총리에게 임명장을 수여할 수 있었다. 야당이 잔뜩 벼르고 청문회에 임했지만 별로 시비를 걸고넘어질 일이 없었다. 오히려 자기관리를 남달리 철저하게 해온 사실이 도드라져 보였을 뿐이다.

문재인 대통령도 총리 지명 이후 애초부터 총리로는 심중에 이낙연밖에 없었다고 했다. 그렇다면 무엇이 이토록 무한신뢰를 보내게 만들었을까?

여러 계기가 있었겠지만 결정적으로 민주당 주도로 벌어진 노무현 대통령에 대한 탄핵 국면일 것이다. 당시 민주당의 핵심이던 이낙연은 당론에 거슬러 홀로 반대표를 던졌다. 대단한 용기를 필요로 하는 정치적 소신의 표출이었다. 총리 이낙연은 지난해 〈노무현과 바보들〉 영화를 보고 난 뒤풀이 자리에서 반대표를 던진 이유를 밝혔다.

"특별한 철학이라기보다 정치가 그럴 것까진 없지 않느냐고 생각했다"는 것이다. 어제까지 동지였는데 갈라졌다는 이유로 오늘부터 바로 저주를 퍼붓는 데 대한 반감도 작용했다는 뜻이겠지만 탄핵까지 추진할 사안이 아니어서 그랬다는 뜻이기도 하다. 그 연장선에서 그는 "열린우리당 창당 때 잘 되길 바란다고 하고, 이해찬 총리 지명 때도 잘된 인사라고 말했더니 당에서 회색분자라고 했다"는 오래된 기억을 떠올렸다.

이처럼 정파를 떠나 자기 소신을 지키는 이낙연의 태도가 당시 절박했던 문재인에게 적잖은 감명을 주었을 것이다.

어려운 시기에 국정을 맡은 환상의 파트너십

아니나 다를까, 두 사람은 어려운 시기에 국정을 맡은 대통령과 총리로서 환상의 파트너십을 발휘했다. 이낙연은 오래 준비라도 해온 듯이 안정적이고 효과적으로 총리직을 수행했다. 덕분에 대통령은 총리에게 내정의 많은 부분을 맡기고 남북 문제와 외교에 전념할 수 있었다.

총리는 대통령을 대신해 정부 부처 업무보고를 받았고, 국회 시정 연설을 했으며, 대통령 전용기를 타고 정상외교의 일부를 담당했다. 대통령과는 매주 월요일 거의 거르지 않고 주례 회동을 통해 국정을 논의하고 조율했다. 이전에는 정치적 수사에만 그쳤던 '책임 총리'가 문재인 정부에서 실현된 것이다.

권력의 성격을 바꾼 이런 민주적 파트너십을 가능하게 한 힘은 두 사람의 태도에서 비롯한다. 문재인은 저서에서 2012년 대선 패인의 하나로 잘못된 '태도'를 들었다.

"진보적 가치를 중시하지만 막말이나 거친 태도, 과격하고 극단적인 접근을 싫어하는 성향을 '태도 보수'라고 한다. 지난 대선에서 민주당이 '태도 보수'의 유탄을 맞지는 않았을까."

그런데 실은 '태도 보수'의 출처가 이낙연이다. 그는 2012년 대선이 끝나고 얼마 후에 가진 인터뷰에서 그렇게 된 사정을 밝혔다.

"대선 패배 직후에 내 딴에는 당내 문화를 좀 바꿀 필요가 있겠다 싶어서 우리가 진보적 가치를 추구하더라도 태도는 신중히 하는 '태도 보수'를 하자는 내용의 글을 쓴 적이 있다. 당시 막말 파동 같은 것이 있어서 그랬기도 했다. 어느 날 당시 문재인 의원이 전화로, 책을 쓰는데 내 글의 일부분을 인용해도 되겠느냐고 물었다. 이게 사적 인연으로는 처음이다.”

2018년 6월 지방선거에서 민주당이 압승한 직후 가진 수석보좌관회의에서 문재인 대통령은 유능한 일처리, 도덕적인 처신과 더불어 역시 그 ‘태도’를 강조했다.

“세 번째로 제가 강조해서 말씀드리고 싶은 것은 태도입니다. 세 번째로 말씀드리기 때문에 세 번째로 중요하다는 뜻이 아닙니다. 어떻게 보면 저는 우리나라 정치와 공직에서 이 시대에 가장 중요한 것은 태도가 아닐까 생각합니다. 국민을 대하는 태도, 다른 사람의 말을 듣는 태도, 다른 사람에게 말을 하는 태도, 사용하는 언어, 표현 방법, 이런 태도들이 무엇보다 중요하다고 생각합니다. 결코 형식이 아닙니다. 이 태도는 거의 본질이라고 생각합니다. 왜 이게 본질인가 하면 국민을 모셔야 하고, 국민을 모시는 그 존재가 정치인이고 공직자라면, 그런 모시는 어떤 본질이 태도에서 표현되는 것입니다.”

이처럼 정치가 국민을 대하는 본질이라고도 할 ‘태도’에서부터 두 정치인이 이심전심으로 의기투합했으니 환상적인 파트너십이 발휘되었을 터이다. 문재인과 이낙연은 학연이나 지연과도 거리가 멀고 ‘무슨 파’ 니 ‘무슨 계’ 니 하는 정치적 이해관계나 파당과도 무관한 사이지만, 서로를 알아보는 안목과 서로에 대한 신뢰만으로 우리 정치사에서 보기 드문 최고의 파트너십을 이룬 것이다.

우리 민주 헌정사의 큰 흐름은 정치판만 놓고 보면 4·19혁명에서 비롯하여 5·16 쿠데타로 엎어졌다가 6·10항쟁으로 되살아나 김영삼과 김대중에 와서 강을 이루고 노무현에 이르러 깊어지고 풍부해졌다. 이후 10년 반동의 시기를 딛고 문재인에 이르러 인내와 끈기의 정치력을 바탕으로 하나씩 체계를 갖춰가고 있다.

바로 이 흐름을 이어받은 정치인이 이낙연이며, 문재인이 이룬 체계 위에 평화통일의 길을 놓고 민주의 꽃을 활짝 피울 것으로 가장 기대되는 정치인은 지금 이낙연이라고 확신하고 있다.

그의 언어,
당연해서 더 특별한 마법

"공직자에게는 4대 의무 외에 '설명의 의무'가 하나 더"

_____ 정치에서도 물론 실천이 중요하지만 정치의 반은 말이다. 정치에서 말이 그만큼 중요하다는 뜻이다. 정치의 말 한마디가 국민에게 절망을 주기도 하고 희망을 주기도 한다. 그 말 한마디가 상대방을 적으로 돌아서게도 하고 친구로 다가서게 하기도 한다.

이낙연은 정치인, 특히 공직자에게 말이 중요한 의미를 다른 각도로 깨우쳐준다. 2017년 8월 24일, 그는 차관급 16명에게 임명장을 주는 자리에서 공직자에게는 국민의 4대 의무에 더해 또 하나의 의무가 있음을 강조했다. 그래서 공직자는 5대 의무를 져야 한다는 것이다.

"공직자에게는 5대 의무가 있습니다. 일반 국민에게는 국방, 근로, 교육, 납세의 4대 의무가 있지만 공직자에게는 그 외에 '설명의 의무' 가 하나 더 있습니다. 그걸 충실히 못하면 의무를 다하지 못하는 겁니다. 진실을 말하되 불신을 단번에 해소시킬 수 있는 강렬한 메시지를 쉬운 말로 어떻게 할 것인가, 이것이 설명의 관건이겠지요."

그는 앞서 정부서울청사에서 열린 국정현안점검조정회의에서도 각 부처 장관들에게 살충제 달걀 파동에서 드러난 정부의 미흡한 대처를 반면교사 삼아야 한다며 '설명의 의무' 를 언급했다.

식약처와 식약처장이 살충제 달걀 파동을 두고 기본 상황 파악도 안 된데다가 앞뒤가 맞지 않는 답변으로 혼선을 빚는 등 구설에 오른 것을 염두에 둔 언급을 했다.

그는 "가장 부적합하고 불량한 달걀을 '하루에 2.6개씩 평생 먹어도 괜찮다, 건강에 이상이 없다' 고 설명하기에, '괜찮다면 왜 전량 폐기하느냐' 고 물으니까 그다음부터 설명이 막혀 버린다. 정성적 접근이 너무 압도하다 보니 이런 일이 생긴다"고 지적했다.

"설명의 의무를 다하려면 사회적 감수성과 정성적·정량적 접근의 배합, 질문에 대한 준비 등 세 가지가 필요하다. 국민이 궁금해하는 것을 알기 쉽게 설명해야 하는데, 그것이 사회적 감수성이다."

상대방의 말을 공격하는 대신 그저 자기 생각을 차분하게 말할 뿐

아마 이낙연만큼 '이낙연 어록'으로 유명한 정치인도 드물 것이다. 특히 야당 국회의원들의 질문에 대한 그의 답변이 '사이다'로 회자되면서 그는 언어의 마술사로까지 불렸다. 그래서 '총리의 언어'에 대한 기사가 여기저기 화제성으로 뜨고, 《총리의 언어》나 《어록으로 본 이낙연》 같은 책도 이미 발간되었다.

그러나 이낙연의 언어는 마술처럼 묘기를 부리지도 않는다. 현란하지도 화려하지도 않다. 그렇다고 현학적이지도 않다. 그의 언어는 아무 강조나 꾸밈도 없고 어떤 비약도 없다. 오히려 너무 쉽고 밋밋해서 어떨 땐 마른 바람 같기도 하다. 그의 언어는 자기주장을 웅변하지도 않고, 새로운 것을 가르치려 들지도 않으며, 그저 당연한 것을 상기시킬 뿐이다.

그런데 왜 사람들은 그의 언어에 열광하는 걸까?

그의 언어가 본질에 닿아 있기 때문이다. 대부분의 사람들이 겉으로 보이는 껍데기, 즉 현상만 붙들고 답도 없는 논쟁을 일삼는 사이에 그는 현상이 의지하고 있는 뿌리, 즉 본질을 한마디로 드러내 보인다. 짧은 한마디로 본질을 드러내기 위해서는 적절한 비유가 필요하다. 설명이 길어질수록 말이 구차해져서 본질에서 더욱 멀어진다. 그런데 이낙연은 기가 막힌 비유로 촌철살인의 언어를 구사한다.

이낙연의 언어는 당연해서 오히려 더 특별해진다. 아무리 당연한 것도 어렵게 이야기하면 상대방이 알아듣지 못하므로 당연함을 얻지 못한다. 또 아무리 쉬운 말로 해도 상대방이 가진 기억이나 정보를 소환하지 못하면 역시 당연함을 얻지 못한다. 그러니까 상대방이 모른다고 잡아뗄 수 없는 분명한 정보나 사실을 바탕으로 상대방이 빼먹은 진실을 깜박하거나 모른 체하고 상기시켜야 한다는 뜻이다.

그의 언어는 칼이 아니라 칼을 녹이는 용광로

이낙연의 이런 언어, 즉 화법은 국회 대정부 질문에서 총리에게 억지 시비를 거는 여러 야당 의원들을 한마디로 머쓱하게 만들었다.

김성태 의원이 호기롭게 따져 물었다.

"김대중 정부의 햇볕정책, 노무현 정부의 동북아 균형자론이 얻은 게 뭡니까. 핵과 미사일인가요?"

그러자 이에 반박하는 대신 이 질문이 빼먹은 부분을 상기시켜 주었다.

"지난 9년 동안 햇볕정책과 균형자론을 폐기한 정부가 있었습니다. 그걸 건너뛰고 이런 질문을 받는 게 뜻밖입니다."

순간 김 의원은 당황하여 어쩔 줄 몰라 했다. 김 의원이 이어서 "문재인 정권은 최순실 국정농단의 가장 수혜자"라고 공격을 가하자 그는 차분하게 "최순실 국정농단의 큰 짐을 떠안은 것을 저희로선 불행으로 생각합니다. 어떻게 수혜자일 수 있겠습니까?" 하고 반문하는 것으로 그쳤다.

김 의원이 이번에는 이미 오보로 밝혀진 보도를 들먹이며 비아냥대듯 따졌다.

"트럼프 대통령이 아베 총리와 통화하면서 '한국은 대북 대화를 구걸하는 거지같다' 고 말했다는 기사가 나왔습니다. 전략적 왕따가 문재인 정권의 안보 정책인가요?"

이에 그는 정면으로 맞서지 않고 옆구리를 질렀다.

"김 의원님이 한국 대통령보다 일본 총리를 더 신뢰하고 있다고 생각지 않습니다."

그러자 김 의원은 그만 말문이 막히고 말았다.

여기서 가만 보면 이낙연은 상대방이나 그 말을 공격하는 대신 그저 자기 생각을 차분하게 말할 뿐이라는 걸 알 수 있다. 이런 화법은 쓸데없이 감정적인 언쟁을 유발하지 않고 자기 의견과 생각을 온전히 전달할 수 있는 탁월한 방식이다.

지금은 고인이 된 노회찬 의원이 '김어준의 뉴스공장'에 나와 당시 이 총리의 국회 대정부 질문에 대한 답변을 두고 기가 막힌 촌평을 남겼다.

"보니까 참 자상하다. 중학생을 대하는 자상한 대학생 같다는 생각이 들었다. 결과적으로는 말도 안 되는 질문을 한 사람들이 원래는 자해공갈단 같은 거였는데, 자해만 하고 공갈은 못하는 그런 상황이 된 것이다."

억센 이빨도 날카로운 발톱도 없어서 더욱 매력적인 언어

이낙연의 언어가 무서우면서도 매력적인 것은 억센 이빨도 날카로운 발톱도 없다는 것이다. 아니, 없다기보다는 언어 너머 깊숙이 감추고 있어서 눈치를 못 채거나 안 보일 수도 있겠다. 그의 언어는 자주 그런 차원을 넘어 기품이 넘치고 향기가

난다. 그런 언어는 상대방을 순식간에 무장해제해 버린다. 상대방의 으르렁거리는 공격성을 무색하고 무안하게 만들어 버린다. 상대방이 잔뜩 갈기를 세우고 할퀴거나 물려고 들면 그러도록 내버려둔 채 덤덤하게 자기 할 말로 대응한다. 상대방이 제 풀에 꼬리를 내리도록 하는 화법이다.

2007년 1월, 당시 노무현 대통령이 제안한 '대통령 4년 연임제' 개헌안을 두고 여야 의원들이 토론을 벌였다. 그런 가운데 특히 박형준한나라당 의원과 이낙연민주당 의원의 설전은 백미다. 먼저 박형준이 개헌안은 민심을 거역한 것이라며 링컨을 불러낸다.

"왜 이 민심을 거역해야 할까요? 민심과 함께하면 실패할 것이 없고 민심과 함께하지 않으면 성공할 것이 없다. 이건 링컨 대통령이 하신 말씀입니다."

그러자 이낙연은 거두절미하고 세네카를 불러내 '하나만 알고 둘은 모르는 링컨'을 만들어 버린다.

"세네카는 이런 말을 했습니다. 민심을 거스르기만 하면 국민에 의해 망할 것이고, 민심에 따르기만 하면 국민과 함께 망할 것이다. 이런 말을…."

이어 박형준이 개헌안의 여론 수렴 결여를 따진다.

"얼마나 민주적인 여론 수렴 과정이 있었느냐, 저는 기본적으로 프로세스가 결여되었다고 생각합니다."

이에 이낙연은 국회가 무엇을 하는 곳인지를 환기시키는 것만으로 야당의 자가당착을 드러내어 할 말이 없게 만들어 버린다.

"최고의 여론 수렴은 국회 논의와 국회의 결정이지요. 그런데 그걸 거부하면서 여론 수렴이 없다고 말하는 것은 전후 모순입니다."

이윽고 박형준은 '대통령 연임제 가부 문제' 만 도드라진 개헌안 논의를 두고 논술 문제를 OX로 풀라는 거냐며 타박한다.

"대통령 연임제냐 아니냐 이것만 답하게 돼 있지요. 논술 문제를 OX로 풀라는 거예요?"

그러나 이낙연은 맞받아치지 않고도 약간의 위트만으로 타박을 머쓱하게 만들어 버린다.

"논술 문제를 끝까지 논술로 가져가면 국민들이 어떻게 풉니까? 간추려서 OX 문제로 제기하는 것이 정치의 역할 아닐까요?"

아버지의 자랑, "이낙연은 변함없는 사람"

이낙연은 정치인으로 살며 다른 무엇보다 신의를 지키는 사람이 되고자 애썼다. 따라서 자연히 그의 언어도 신중해졌다. 말이 가벼우면 그만큼 신뢰가 떨어지게 마련이다. 그는 약속을 하기 전에 그것이 꼭 필요한지, 그렇다면 그것을 지킬 수 있는지부터 깊이 생각하고 충분히 검토했다. 그래서 지키지 못할 말은 아예 하지 않았고, 한번 내놓은 말은 꼭 지키려고 최선을 다했다.

그는 언론과의 인터뷰에서 '어떤 총리로 남고 싶으냐'는 질문을 받았다. 그의 대답은 좀 뜻밖이었지만 그가 믿음을 얼마나 중요하게 여기는지 보여주었다.

"이뤄질 수 없는 꿈일 수도 있겠지만 평생을 간직하고픈 게 하나 있는데 '다른 사람은 몰라도 이낙연 말은 믿어도 된다'는 평판을 들어보고 눈을 감았으면 좋겠습니다. 총리로서든, 자연인으로서든 '이낙연 말은 믿어도 된다', 그런 사람으로 살고 싶습니다."

신의를 중시하는 이낙연의 이런 심성은 아마 그의 아버지에게 영향을 받았지 않나 싶다. 이낙연이 국회위원 보궐선거 출마 제의를 거절하고 도쿄 특파원으로 가 있던 1990년 가을,

평민당 김대중 총재는 보궐선거를 지원하기 위해 방문한 영
광에서 우연히 이낙연의 아버지를 만나 "이낙연은 변함없는
사람"이라고 말했다고 한다. 이낙연의 아버지는 그 일을 두
고두고 자랑했다고 한다. 다른 어떤 것보다 아들이 '신의 있
다'는 평판을 받은 것을 가장 자랑스러워한 아버지였으니,
부전자전이다.

사실에만 바탕을 둔 간명하고 절제된 언어

이낙연의 언어는 공감을 주는 말, 위로를 주는 말로도 탁월하
다. 총리로서 그의 말은 국민의 심금을 울리는 호소력이 있다.
우리나라는 특수교육 대상자에 비해 특수학교는 턱없이 부
족한 상태다. 설립하려고 해도 설립 예정지마다 지역주민들의
반대에 부딪혀 무산되어온 탓이다. 특수학교가 들어서면 집값
이 떨어진다는 것이 주민들이 한사코 반대하는 이유다.
서울 강서구의 특수학교도 진작부터 설립을 추진했지만 주
민들의 완강한 반대에 부딪혀 7년째 표류해 왔다. 급기야 장애
학생 어머니들이 특수학교를 짓게 해달라고 주민들에게 무릎
까지 꿇는 일이 벌어졌다. 2017년 9월 5일, 강서지역 공립 특

수학교 신설 주민 토론회 자리였다. 무릎을 꿇은 어머니들이 주민들에게 호소했다.

"여러분도 부모이시고 저희도 부모입니다. 지나가다 때리셔도 맞겠습니다. 하지만 집 근처에 아이가 다닐 학교를 세우는 일은 포기할 수 없습니다."

총리 이낙연은 무릎 꿇은 어머니들의 사진을 보고 "이 사진이 우리 사회 구성원들의 부끄러움을 일깨웠다"면서 어머니들의 참담한 심정을 깊이 헤아려 위로했다.

"이 어머니들은 장애를 가진 아이가 태어난 순간부터 하늘이 무너지는 절망과 고통을 겪으셨을 것입니다. 그런데 그 아이가 가깝게 다닐 만한 학교를 지역사회가 수용하지 못해 그 아이와 어머니에게 하늘이 무너지는 절망과 고통과 또 한 번 더 얹어 드렸습니다. 도대체 우리 사회의 그 무엇이 이 아이와 어머니를 이 지경으로까지 몰아넣고 있습니까?"

이어서 이낙연은 보태지도 덜지도 않고 있는 그대로의 사실에만 바탕을 둔 간명하고 절제된 표현으로 국민을 설득하기 시작했다.

"통계를 보면 학교에 가는 데 한 시간 이상 걸리는 학생의 비율이 일반 초·중·고교는 3.2퍼센트이지만 특수 초·중·고교는 11.6퍼센트입니다. 장애아들이 더 먼 학교를 다녀야 하는 세상은 거꾸로 된 세상입니다. 언론이 조사해 보도한 바에 따르면 특수학교가 들어선 곳이나 그렇지 않은 곳이나 집값 변동에는 아무런 차이가 없다고 합니다. 내 아이를 장애아로부터 멀리 떼어놓는 것이 내 아이를 좋은 사회인으로 키우는 데 도움이 될 것이라는 교육이론은 세계 어디에도 없습니다. 오히려 내 아이가 장애아를 배려하고 함께 사는 경험을 갖는 것이 아이의 미래에 훨씬 더 좋다는 것이 세계 공통의 상식입니다."

총리의 호소는 묘하게 듣는 이의 심금을 울려, 이 연설에 대한 폭발적인 호응으로 특수학교 설립에 힘을 싣는 여론이 크게 확산되었다.

이후 강서구 특수학교는 설립 작업이 순조롭게 진행되어 2020년 3월에 개교했다. 총리의 언어가 어머니들의 눈물을 닦아준 것이다. 말로만 하는 위로는 어쩌면 염장을 지르는 것이고, 이런 게 진짜 위로다.

"자연스러운 것이 가장 아름답다"

이낙연의 이런 언어와 태도는 "자연스러운 것이 가장 아름답다"는 그의 삶의 미학에서 비롯한다.

"나는 대학 다닐 때든 기자 할 때든 고향에 가면 늘 허름한 옷을 입고 갔는데, 아버지가 싫어했다. 아들이 돋보이길 원하신 거다. 하지만 나는 고향 분들이 나를 멀리 여길까 봐 그게 싫었다. 지금도 그런 마음이 있다."

과연 그는 총리로 재임하면서도 요란한 의전이나 경호를 질색했다. 오히려 더 몸을 낮추고 말에 겸손을 더했다. 2017년 11월 16일, 이 총리는 포항의 지진 피해 현장을 찾았다. 그는 해마다 겨울이면 입던 점퍼 차림에 운동화를 신고 먼지를 뿌옇게 둘러쓰도록 재난 현장을 바쁘게 오갔다. 이날 국회의원들의 구두와 총리의 운동화가 대비된 보도사진이 화제가 되었다. 의원들의 번쩍거리는 구두보다 총리의 털털한 운동화가 훨씬 더 마음에 와 닿았다. 이는 그가 평소에 연설 보좌관에게 하던 당부하고도 일맥상통한다.

"모자가 그것 자체가 멋지다고 멋진 게 아닙니다. 평범해도 그 사람과 딱 어울리면 거기에서 멋이 나와요. 연설에서 과장하거나 멋 부리지 마세요. 어깨에 힘 빼고 자연스럽게 써요. 그 자리에서 딱 맞는 말이 가장 감동을 줄 수 있는 겁니다."

과연 이낙연은 언제 어느 자리에 가든 결코 의례적인 수사를 늘어놓는 법이 없다. 화려하게 꾸민 언어나 교묘한 가식의 언어는 더더욱 그와는 거리가 멀다. 좀 어눌해지더라도 진심을 담아 말을 건넨다. 무슨 말을 할지 모를 때는 무슨 말을 할지 모르겠다고 솔직하게 그대로 말한다.

그가 총리 후보자로서 국회 청문을 받고 있을 무렵 국회 식당에서 세월호 희생자 조은화의 유골이 발굴되었다는 소식을 듣고 은화 어머니에게 전화를 걸었다.

"뭐라고 말씀드려야 하지요?"

"다행이다…."

"다행입니다. 은화 어머니께서 울지 않으셔서 고맙습니다."

"아직 미수습 가족들이 많은데 어떻게 울어요? 모두 수습되면 엉엉 울게요."

전화로 처음 대화하는 두 사람이 오랜 지인 양 애틋하다. 총리는 반가운 마음에 덜컥 전화부터 걸어놓고 할 말이 떠오르지 않는다. 그래서 뭐라고 말해야 할지 상대방에게 물어본다. 그 어떤 위로보다 그 한마디의 물음이 오히려 가슴을 적신다. 그래서 침묵을 동반한 이 짧은 몇 마디의 대화를 타고 서로의 마음이 모자람 없이 오고 간다.

그의 공부,
시작도 끝도 없는 평생의 일상

스트레스를 푸는 법, "마신다. 잔다. 읽는다"

_____ 이낙연은 언론 20년, 정치 20년의 인생을
살아왔다. 둘 다 스트레스가 극심한 직업이다. 기자는 특종에
목을 매고 정치인은 표에 목을 매는 인생이다. 이낙연은 특종
에 목을 매지도, 표에 목을 매지도 않았지만 그리고 스트레스
가 가벼울 리 없다.

총리로서 공무원 정신건강 교육 프로그램에 참여한 그는 스
트레스를 어떻게 해소하는지 묻는 질문에 3가지 답을 적어 냈
다. "마신다. 잔다. 읽는다."

'마신다'는 건 막걸리 애호가인 그가 막걸리를 마신다는 뜻
일 게고, '잔다'는 건 만인의 스트레스 해소법이지 싶으니 새

삼스러울 것도 없지만 '읽는다' 는 건 뭘까?

물론 책을 읽는다는 뜻이겠지만 여느 사람에게는 오히려 스트레스가 될 법한 독서가 스트레스 해소법이라니, 타고난 독서가라고 해야 할까. 그는 읽는다는 것의 효용을 누구보다 잘 알기 때문에 어디에 있든 자신의 읽기를 넘어 읽는 사회를 위해 애쓴 진정한 독서가다.

그는 독서운동에 힘을 보태기도 했지만 도지사로 재임할 때 젊은 직원들에게 독특한 책을 선물한 일화를 남기기도 했다. 책 제목이 《또라이들의 시대》다. 혁신 전문가 알렉사 클레이와 키라 마야 필립스가 쓴 이 책은 원제가 '부적응자의 경제학 The Misfit Economy' 이다. 번역서의 제목은 얄팍한 상술이 들어가 좀 상스럽지만, "이제 위대한 기업에게 배우는 성공은 지겹지 않나요?" 하는 저자의 인터뷰처럼 '하버드에서도 배울 수 없는 창조적이고 파괴적인 성공의 기술 다섯 가지' 를 담고 있어 참신하고 기발하다. 해적, 컴퓨터 해커, 갱단 두목, 마약 판매조직원, 거리 예술가, 사회 운동가 등 세계의 아웃사이더들이 성공하거나 실패한 뒤 재기한 비밀을 취재해 엮었으니 그럴 만도 하다.

이낙연은 이 책을 읽고 젊은 직원들에게 선물하면서, 굳이 이 책을 권하게 된 이유를 들었다.

"한 번 실패한 사람, 불우한 환경에 놓인 사람, 기존 질서를 싫어하거나 적응하지 못하는 사람 등이 어떻게 성공 또는 재기하는지, 나아가 그들이 세상의 기존 질서를 어떻게 이기는지, 그 아이디어와 과정이 흥미로웠다."

놀라운 힘의 원천, 현장과 독서

이낙연은 아무리 바빠도 최소한 다달이 한 권은 읽고 간략하게나마 서평을 커뮤니티에 올린다. 그의 독서 목록은 일련의 계통을 이룬다. 국회의원 시절에는 상임위 활동에 연관된 목록이 주를 이루었다. 필요하다면 매우 전문적인 내용까지 깊이 파고들었다. 국회 농림수산식품위원회 위원장을 거쳐 나중에 전라남도지사로 재임할 때는 특히 농업 문제를 깊이 파고들어 웬만한 전문가 뺨 칠 만큼 농업 문제에 해박한 식견과 통찰을 갖게 되었다. 평생을 이어온 독서, 즉 공부의 힘이다. 그렇게 얻은 식견과 통찰은 숱한 현장에서 보석처럼 빛났다.

2017년 1월, 박근혜 정부의 조류독감 방역 실패로 3천 만 마리에 이르는 닭과 오리의 생목숨을 땅에 묻었다. 연례행사가 되다시피 한 참사였다. 원성과 비난이 하늘을 찔렀지만 어쩔 수 없다는 논리로 뭉개며, 사태를 근본적으로 해결할 노력도 의지도 보여주지 못했다.

2017년 5월, 그러다가 대통령 탄핵으로 정권이 바뀌어 문재인 정부가 출범했다. 그 첫 총리가 이낙연이었다. 그것만으로도 상황이 완전히 달라졌다. 그가 총리로서 나라 살림을 맡은 동안에는 단 한 마리의 닭과 오리도 생목숨채로 땅 속에 묻히는 일이 없었다. 그 짧은 기간에 무슨 일이 있었던 걸까?

도지사로 있을 때 그런 참사를 겪었던 그는 총리가 되자마자 그런 참사를 예방할 수 있는 모든 조치를 강구하고 현장에 접목했다. 먼저 조류독감의 발생 원인과 시기, 확산 경로를 파악했다. 그리고 조류독감이 반복하여 발생한 양계 농가들을 찾아내 계란을 예년보다 앞당겨 출하하도록 권유했다. 게다가 철새가 도래할 시기에 앞서 농가에 보상금을 주고 공간을 비우도록 했다.

이리하여 야생 조류가 옮기는 조류독감 바이러스는 농가로 확산되지 않았고, 피해도 발생하지 않았다. 중앙정부 주도로 진행되어 오던 이 시스템은 지자체로까지 확장되어 효과적이고도 전면적인 방역 체계 하나를 얻게 되었다.

그는 총리가 되어서는 미래 전망에 관한 목록을 일별하고 그 가운데서 중요한 저작들을 골라 탐독했다. 그러면서 총리로서 남다른 비전을 설계하고 가다듬었다. 총리 재임 시에 그의 독서 목록은 '미래'에서 시작되어 '역사'와 '경제'를 거쳐 전 방위로 확장되었다.

어떤 자리에서 어떤 직무를 맡든 그가 그것을 거의 완벽하게 장악하는 힘은 앞에서 말한 철저한 현장주의와 더불어 바로 이 독서에서 나오지 않나 싶다.

"어머니의 가슴속에 꺼지지 않는 촛불"

이낙연은 '읽는다'로 스트레스를 풀기도 하지만 읽는 데서 그치지 않고 그것을 적절하게 써먹는 응용의 대가다. 사람의 심금을 울리는 연설 한 대목도, 질문자를 당황하게 만드는 촌철살인의 답변도, 살벌한 대치 상황에서도 웃음을 자아내는 유머도 다 읽는 데서 나온다. 그런데 특이한 건, 같은 말이라도 이낙연이 가져다 쓰면 뜻이 더욱 깊어지고 무게가 달라진다. 질감과 색감이 달라진다. 단순 인용이나 전달이 아니라 거기에 자기 인생과 마음을 담아 전하기 때문이다.

언젠가 그는 용산에 있는 '작은도서관'에 들렀다가 아이와 함께 책을 읽는 젊은 엄마들을 만났다. 이때 그는 "아이는 부모의 등을 보며 자란다"는 일본 속담을 인용하며, 부모님들이 책을 읽는 등을 아이에게 보여주면 좋겠다는 얘기를 건넸다. 이 일본 속담은 2003년 당시 노무현 대통령이 일본 의회에서 연설하는 가운데 인용한 것이기도 하다.

폭넓은 독서로 문학에도 일가견이 있는 이낙연은 앙드레 지드의 《좁은 문》을 인용하기도 했다. 20세기 전후 무렵의 프랑스 파리와 노르망디의 작은 마을을 배경으로 제롬과 외사촌 누이 알리사의 금욕적이고 비극적인 사랑을 그린 《좁은 문》은, 무조건적인 자기희생이나 지나친 종교적 믿음이 가져다주는 허무를 신랄하게 비판하면서 무엇이 과연 진실한 사랑인지 헤아려보게 하는 작품이다.

그는 이 작품에 나오는 "매일매일 일상의 바람이 폭풍처럼 지나가도 사람의 가슴속에 꺼지지 않는 촛불이 있다는 것을 믿느냐?"는 대목을 인용하면서 어머니에 대한 애틋한 마음을 비쳤다.

"전쟁을 치르듯이 평생을 살아오신 어머니의 가슴속에 꺼지지 않는 촛불이 있음을 압니다."

"스펀지가 물을 빨아들이는 것 같다"

이런 공부 열정은 지칠 줄을 모른다. 총리를 사임하고 21대 총선에서 종로구에 출마한 그는 "공부하러 왔다"고 했다. "종로에 있는 대학을 4년간 다니고 종로에 있는 신문사에서 20여 년간 일해 종로를 제법 안다고 생각했는데, 골목골목을 다녀보니 아는 게 별로 없다"며 탄식처럼 다짐했다.

"공부를 제대로 해야겠구나, 삶의 현장으로 더욱 깊숙이 들어가야겠구나."

이낙연을 아는 사람이라면 뭐 이런 사람이 다 있나 싶을 정도로 그는 끊임없이 공부하고 또 공부한다. 어릴 때부터 학창 시절을 거쳐 기자 20년, 정치인 20년이 지나도록 그의 공부는 그침이 없다. 도지사로 재임할 때는 토요일마다 그룹 스터디를 통해 경제를 깊이 공부했다. 총리가 된 뒤에도 꾸준한 독서와 소통을 통해 공부하고, 토론 모임에도 적극적으로 참여하여 식견을 쌓았다.

그와 같이 공부해본 사람들은 하나같이 그의 학습 능력이 "스펀지가 물을 빨아들이는 것 같다"며 탄복한다. 그는 뭐든지 새로 알게 된 것을 방치하지 않는다. 곧바로 다른 데에 적용하여 질문을 던진다. 그러면서 그것을 현실에 써먹을 방법을 모색한다. 그에게 공부는 그저 공부로만 그치지 않는다. 그 공부는 어떻게든 그의 삶에서 구현되어 사회와 국가에 기여한다.

'언어의 마술사' 이자 '우리말의 달인'

이낙연이 공부로부터 얻은 또 하나의 훈장은 '언어의 마술사' 이지만 '우리말의 달인' 이기도 하다. 그는 기자로 오래 살아서 그런지 모르겠지만, 말의 중요성을 누구보다 잘 아는 정치인으로서 우리말을 제대로 쓰기 위해 일부러 노력해왔다. 비주얼이니 리셉션이니 코드니 로드맵이니 워크숍이니 하는, 하다못해 지식인이나 직장인은 물론이고 일반인도 흔히 쓰는 이런 영어도 쓰지 않는다.

또 하나 흥미로운 내력이 있다. 그의 형제자매가 어머니를 추억한 글에 보면, 동네에 어머니가 늘 아이들 공부를 시키는 집으로 알려졌다고 한다. 어머니의 영향으로 형제자매들이 저마다 배운 걸 갖고 서로 토론하는 집안 분위기가 이루어졌다는 것이다.

단어 하나를 두고도 그냥 넘어가는 법이 없었는데, 누가 '여러분들'이라고 하면 여러분 자체가 이미 복수이므로 '들'을 빼야 한다고 지적하고, 누가 성격이 '까칠하다'는 말을 꺼내면 '가칠하다, 꺼칠하다, 거칠하다' 같은 말을 다 꺼내서 쓰임새를 찾아본다는 거였다. 어려서부터 일찍이 형제자매들끼리 언어를 정확하게 사용하는 훈련을 쌓은 셈이다.

단어야 그렇다 쳐도 고향이 전라도 영광인 그가 억양에도 사투리 흔적이 없다. 전주 출신의 아내가 연애하던 시절에 그게 신기해서 물었더니 "책을 많이 읽어서 그렇다"고 대답했다는 것이다.

"자신이 쓰는 말은 서울말이 아니라 표준어라면서, 책에서 본 대로 표준어를 쓰고 있다고 하는 겁니다. 결혼해서 살아보니까 정말 그렇더라고요. 책을 많이 읽고, 책에 쓰는 표준어로 말한다는 말이 정말이었습니다."

이낙연의 공부, 본능과도 같은 일상

어쨌든 그의 공부는 때와 장소를 가리지 않는다. 아니, 장소는 몰라도 때를 가려 그 때에 맞거나 필요한 공부를 한다. 그것은 거의 본능과도 같은 일상이 되었다.

2020년 8월, 더불어민주당 당 대표 경선에 출마한 이낙연은 코로나바이러스 감염증 음성 판정을 받았지만 자발적으로 2주간 자가 격리에 들어갔다. 아니나 다를까, 자가 격리 중에 올린 글에도 그가 공부한 책 목록이 들어 있다.

"자가 격리 닷새째, 아침 체온 36.2도. 체온을 하루에 세 차례 보건소에 알립니다. 정상입니다. 까다롭지만 생활수칙을 지키고 있습니다. 아내가 고생합니다. 책 두 권을 꺼냈습니다. 세종연구소가 펴낸 《김정은 리더십 연구》, 김정은 위원장의 성장 과정과 리더십 전반을 다루었습니다. 브래드 글로서먼이 지은 《피크 재팬》, '마지막 정점을 찍은 일본'의 쇠퇴를 서술합니다. 한국에 대한 경고도 될 수 있습니다."

사람들은 '열심히 책을 보는구나' 하며 무심히 지나칠 수도 있지만, 이 시점에서 보면 독서 목록이 예사롭지 않다. 총리를 마치고 총선에 출마하여 정치 1번지 종로에서 압승을 거둔 여세를 몰아 집권여당의 당 대표 선출에 출마한 시점이다. 당 대표 이후에는 대통령 선거 당내 경선 참여가 거의 확실한 상황이기도 하다. 당 대표로서도 그렇지만 차기 유력한 대권 후보로서 북한과 그 지도자에 대한 정보와 식견은 최우선으로 필요한 공부다. 다각도로 밀접한 관계이면서 사이가 멀어져 있는 일본 문제 역시 그에 버금가는 숙제다.

이낙연의 공부는 이처럼 시의에 적절하게 계통이 선다. 지금 내디딘 길을 충실하게 하고, 다음 내디딜 길을 활짝 여는 공부다. 그저 심심풀이 취미로 하는 공부가 아니다.

2장

끌려갈 것인가, 이끌 것인가

이낙연의 막걸리 사랑은

남다른 식견의 '발효 미학' 으로까지 나아간다.

사람 사이의 인연이든, 일상으로 하는 일이든, 국가 대사이든

막걸리처럼 발효가 필요하다는 것이다.

그는 어느 날 연설팀이 쓴 원고를 보고는 생각도

발효가 필요하다고 일렀다.

"연설문을 쓰기 전에 자료를 보고 나서 가만히 있어 보세요.

떠오르는 생각들이 있을 겁니다.

그렇게 생각을 발효시켜 연설문을 쓰세요.

막걸리도 연설도 발효가 필요한 겁니다."

모전자전,
심지가 굳은 사람

"지조 없는 사람의 자식으로 만드는 것은 아무래도 못 참겠소!"

—————————— 일반 용어로서 근기根氣에는 세 가지 뜻이
있다. 참을성 있게 견디는 힘, 근본이 되는 힘, 음식을 먹고 난
뒤에 오래도록 배고픈 줄 모르게 하는 든든한 기운이다. '근기
가 좋은 사람'이라면 '근본이 되는 힘이 강한 사람'이라는 뜻
이다. 다른 말로는 '심지가 굳은 사람'일 수도 있겠다.

이낙연은 근기가 남다른 사람이다. 그의 심지 굳은 언행은
그가 처한 곳곳에서 드러난다. 이런 점에서 〈동아일보〉기자로
일하던 1989년, 국회의원으로 정계에 들어갈 수 있는 절호의
기회를 뿌리치고 기자로서 더 하고 싶은 일에 매진한 것도 그
의 근기를 보여주는 일화다.

이런 근기는 어머니에게 물려받았지 싶다. 아들 둘을 먼저 저세상으로 떠나보낸 어머니는 장남이 된 이낙연과 동생들을 어려운 형편 속에서도 꿋꿋한 사람으로 키웠다. 어머니는 돈 버는 데 소질도 관심도 별로 없는 아버지를 대신해 농사도 짓고 채소 장사도 해서 생계를 꾸렸다. 가을 농사를 마치면 집에서 시오리도 더 떨어진 백수해변까지 걸어나가 게를 잡아서 밑반찬거리를 마련했다. 이낙연은 "어머니는 그 넓은 법성포의 갯벌을 다 헤집으며 나를 키웠다"고 회상했다.

이낙연의 아버지가 평생 부당한 권력의 문간을 기웃거리지 않고 평생 야당 당원으로 지조를 지킨 것도 어머니의 심지가 버팀목이 되어준 덕분이다. 아버지가 도왔던 정치인이 전두환 정권 출범과 함께 야당을 떠나 집권여당에민정당 합류하면서 함께 가자고 권유했다. 다른 때는 고개도 안 돌리던 아버지가 이때만큼은 마음이 흔들렸는지 고민에 빠졌다. 그런 남편을 보고 어머니가 한마디 툭, 던졌다.

"내가 당신을 만나 소박맞은 것도 참고 시앗 본 것도 참았지만, 자식들을 지조 없는 사람의 자식으로 만드는 것은 아무래도 못 참겠소."

이 말을 들은 아버지는 정신이 번쩍 들었는지 여당 가는 것을 깨끗이 단념했다.

시대도 경우도 많이 다르지만 '지조'로만 보면 같은 일이 아들인 이낙연에게도 닥쳤다. 노무현 정부가 출범하고 얼마 안 되어 개혁을 명분으로 민주당을 깨고 나와 신당열린우리당이 창당되었다. 대통령이 참여한 신당이 여당이 되고, 민주당은 졸지에 야당으로 떨어졌다.

"노무현 대통령이 민주당을 버리고 신당에 동참했을 당시 두어 번 사람을 보내 신당 동참을 권유했다. 장관직 얘기도 있었다. 분당이 옳지 않다고 생각했지만 그래도 고민했다."

고민에 빠져 있던 어느 날, 어머니가 전화를 걸어왔다. 어머니는 한 말씀만 하시고 전화를 툭, 끊으셨다.

"나다. 신당 가지 마라! 사람이 그러면 못쓴다."

2006년 5·31지방선거 직후 고민에 빠져 있을 때 어머니가 다시 전화를 걸어왔다.

"길게 봐라."

그는 이런 어머니의 심지가 존경스럽다고 했다. 이런 어머니를 쏙 빼닮았으니 어찌 그 심지가 존경스럽지 않겠는가. 과연 모전자전이다.

위기 때 더욱 빛을 발한 근기의 리더십

이낙연은 사람을 볼 때도 가장 중요하게 생각하는 덕목으로 먼저 '심지'를 든다.

"나는 누구를 바라볼 때 그가 비록 세련되지 못해도, 많이 알지 못해도 어떤 굳은 마음이 있는 사람이 존경스러워요. 그래서 후배의 행사에 가서 축사를 하거나 책에 서문 또는 추천사를 써줄 때 종종 '심지가 굳은 사람'이라는 찬사를 합니다. 아무한테나 인사치레로 퍼주는 찬사가 아니라 어쩌다 정말 마음에서 우러나와야 겨우 꺼내는 인색한 찬사이니 나로서는 '굉장히 좋아하는 사람'이라는 표현이지요."

이런 근기 덕분에 그는 무슨 일이든 충분히 살피고 생각한 다음에 결정하여 행동한다. 그렇다고 그의 결단력이나 행동력이 결코 더디거나 무딘 건 아니다. 촌각을 다투는 시급한 일이라면 우선 할 수 있는 것부터 당장 해가면서 신속하게 판단하고 결정하는 데도 그의 속도를 따라갈 정치인은 많지 않다. 다만 그는 중요한 일일수록 주어진 시간을 다 써서 치열하게 궁리하고 의견을 수렴하는 과정을 거친다. 그건 최선의 방책을 세우려는 노력이기도 하지만 그 과정에서 반대하는 사람들을 설득해서 함께 가려는 포용력의 발현이기도 하다. 그야말로 일석이조 一石二鳥의 심모원려라 할 수 있다.

그런 근기를 바탕으로 삼아 그는 기다림의 고수가 되었다. 어떤 문제의 답이 쉬 보이지 않거나 모순된 상황을 판단할 수 없으면 그는 경거망동하지 않고 정중동 가운데 태연하게 기다린다. 판단할 때가 오기를 기다리기도 하고, 기다리면서 판단할 때를 만들기도 한다. 섣부른 판단과 행동이 일을 어떻게 망치는지를 그는 너무도 많이 봐왔고 너무도 잘 알기 때문이다.

그가 당 대표 취임 이후 취한 행보만 봐도 그의 근기가 얼마나 잘 발휘되고 있는지 잘 알 수 있다. 그의 근기 있는 리더십은 특히 위기 때 더욱 빛을 발했다.

강약과 완급을 조절하는 특유의 메시지

이낙연 대표는 당과 정부의 정책 기조에 정면으로 배치되는 부동산 투기 사실이 분명해지자마자 김홍걸 의원을 지체 없이 제명한 데 이어 권력기관 개혁 등을 위한 8개 TF를 구성했다. 총선 승리 이후 끊이지 않는 악재와 각종 현안에 신속하게 대처하겠다는 의지를 행동으로 보인 것이다. 그에 앞서 그는 당에 윤리감찰단을 설치하고 이상직, 김홍걸 두 의원을 대상으로 조사에 들어갔는데, 조사 이틀 만에 '재산 신고 누락'이 확인된 김홍걸을 전격 제명한 것이다.

김홍걸이 그가 존경하는 김대중 전 대통령의 아들이지만 그는 공사 구분이 무서우리만치 분명해서 그런 일을 처리하는 데 사적 감정이나 인연이 끼어들 여지는 추호도 없었다. 이스타 항공 사태의 중심인 이상직 의원에 대해서는 진상조사를 실시하는 한편 "창업주이자 국회의원으로서 책임을 갖고 국민과 회사 직원들이 납득할 만한 조치를 취할 것"을 엄중 경고했다.

그는 원치 않는 바지만 당 대표가 되기 전부터 사실상 당 대표 대접을 받으며 사안이 생길 때마다 입장 표명을 강요받다시피 했다. 그러나 진중한 근기를 가진 그가 그런 설레발에 장단을 맞출 리 만무했다. 퇴임을 앞두긴 했지만 엄연히 실제 당 대표가 있는 상황에서 그가 섣불리 입을 열면 월권이 될 것이고, 국정에 혼선을 줄 것이 불을 보듯 훤했다.

그런데도 그를 공격하고 싶어하는 사람들은 그가 총리 때와는 다르게 우유부단하다거나 지지율을 의식하여 몸을 사린다는 모함을 일삼았다. 정치인으로서 처신이 분명한 그를 칭찬하지는 못할망정 앞뒤 맥락을 잘라먹고 그에 대한 비난을 선동했지만 그는 그런 부당한 공격이나 비난에 눈 하나 깜짝하지 않았다. 참으로 태산 같은 근기다.

아니나 다를까, 그는 당 대표에 취임하고 나서는 당 안팎의 위기를 능동적으로 관리하고 현안에 적극적으로 대처하는 과감한 리더십으로 존재감을 유감없이 드러내고 있다.

강약과 완급을 조절하는 특유의 메시지로도 그의 존재는 빛을 발하고 있다. 검찰개혁을 좌절시키려는 세력이 추미애 법무부 장관 아들의 군복무 특혜 의혹을 부풀려 확산시키자 "야당이 정치 공세를 계속하면 우리는 사실로 대응하고 차단할 것"이라며 엄호 기조를 세웠다. 그러면서도 소속 의원들의 과도한 옹호 발언을 자제시키는 진중함을 보였다.

막걸리와 화이부동,
소통과 배려

농민의 마음을 담아 마시는 막걸리

_____ 막걸리 총리.

총리 재임 시절에 얻은 이낙연의 별명이다. 그에게 막걸리는 그저 즐겨 마시는 술로만 그치지 않는다. 거기엔 그의 치열한 삶이 담겨 있고, 세상을 보는 철학이 담겨 있고, 사람들을 대하는 마음이 담겨 있다. 그래서 그의 막걸리에는 사연도 많다.

꽤 오랜 내력을 지닌 이낙연의 막걸리 사랑은 농업과 농민에 대한 사랑에서 비롯한다. 2000년 16대 국회의원을 시작으로 정치인이 된 그가 농촌지역을 지역구로 둬서 그랬을까. 쌀 소비를 늘리기 위해서라도 의식적으로 막걸리를 즐기게 되었다지만 그렇게 20여 년이 흐르는 동안 자연히 막걸리 전문가가

다 되었고, 막걸리는 그의 삶에서 뗄레야 뗄 수 없는 술 이상의 의미가 되었다.

특히 전라남도지사 시절에는 막걸리 지사로서의 면모를 유감없이 보여주었다. 논두렁이고 밭두렁이고 마을회관이고 농민이 있는 곳이면 찾아가 스스럼없이 함께 막걸리를 마시며 허심탄회하게 사는 얘기며 농사 얘기를 나눴다. 그런가 하면 도청 직원들과는 직급과 부서를 섞어 경계를 허문 '번개' 자리를 주선하여 막걸리를 마시며 소통하는 시간을 갖곤 했다.

2020년 4·15 총선을 통해 총리에서 다시 국회의원으로 돌아온 이낙연은 그해 7월 30일에 방송된 SBS플러스 '이철희의 타짜'에 출연해 소탈한 면모를 드러냈는데, 여기서도 그의 막걸리가 화제에 올랐다. 그는 자신만의 막걸리 고르는 법을 공개했는데, 이때 직접 언급한 막걸리는 무려 99종류, 6,971병이나 되어 모두를 놀라게 했다. 그 덕분인지 총리 재직 시에 막걸리협회로부터 감사패를 받았다는데, "아마 총리로서는 유일할 것"이라며 웃었다.

그는 총리 지명 다음날 기자들에게 말했다.

"총리가 되면 앞으로 함께 막걸리 마실 분들이 너무 많아져 걱정인데 체력이 받쳐주는 한 저수지 몇 개 정도는 마셔야죠."

그런가 하면 총리로 취임한 직후, 정의당을 예방한 자리에서 이렇게 호언하기도 했다.

"역사상 가장 막걸리를 많이 소모하는 총리공관이 되도록 노력하겠다. 팔도 막걸리는 다 준비하겠다."

이러니 막걸리협회에서 이 총리한테 감사패를 주지 않고 누구에게 준단 말인가.

이낙연의 막걸리는 시종 소통을 위한 윤활유였다. 그는 거기에다가 상대방에 대한 배려를 입힘으로써 감동을 선사했다. 총리 재임 시 그의 소통 행보는 등장하는 막걸리 생산지역과 정확히 일치하며 확장되었다. 그러다보니 총리실에서 전국의 술도가로 주문해 공식 만찬 및 비공식 행사에 사용한 막걸리는 20여 종이나 된다.

2017년 8월, 이 총리는 노회찬 등 정의당 지도부를 총리 공관으로 초청하여 저녁을 함께하면서 노회찬의 고향 부산에서 나는 금정산성 막걸리를 식탁에 올렸다. 노회찬은 막걸리 애호가인 이낙연을 위해 손수 제조한 생막걸리와 복분자 막걸리를 '낙연주'로 이름 붙여 선물했다. 그리고 "총리께 효모가 살아있는 생生막걸리 드시고 서민이 살 수 있는 민생生 정책을 부탁드렸다"며 막걸리를 선물한 뜻을 알렸다.

그로부터 1년 후, 이낙연은 허망하게 고인이 된 노회찬의 빈소를 찾아 "그때 막걸리 몇 잔 더 나눌 걸" 하며 슬퍼했다.

이낙연과 노무현 막걸리

노무현의 막걸리 사랑도 이낙연 못지않게 유명했다. 막걸리에 얽힌 두 사람의 이야기는 애틋하고도 눈물겹다.

2020년 7월 20일, 이낙연은 더불어민주당 대표 경선 후보 등록을 마치고 봉하마을로 향했다. 노무현 전 대통령 묘를 참배한 그는 권양숙 여사를 접견하면서 '노무현 막걸리'를 선물했다. 노 전 대통령이 생전에 사랑했던 대강막걸리다.

2005년 5월, 당시 노무현 대통령은 충북 단양의 한 마을을 찾았다가 백년 4대를 이은 술도가에서 나오는 대강막걸리 맛에 반했다. 이후로 청와대 만찬에 대강막걸리가 올랐다. 어려운 농촌을 살리고자 하는 대통령의 마음이 담겼다.

2008년 2월, 노 대통령 퇴임에 맞춰 대강양조장은 봉하마을로 대강막걸리 2,000병을 보냈다. 퇴임한 대통령이 봉하마을로 돌아가 "이야, 기분 좋다!"고 외친 그날 저녁 식탁에도 대강막걸리가 올랐다.

이낙연은 그런 막걸리를 선물로 준비해 권양숙 여사와 주위에 눈물바람을 일으켰다.

막걸리에는 예로부터 널리 알려진 오덕五德이 있다. 취하되 인사불성일 만큼 취하지 않는 것이 일덕一德이요, 새참에 마시면 요기가 되는 것이 이덕二德이요, 힘이 빠졌을 때 기운을 돋우는 것이 삼덕三德이요, 안 되는 일도 마시고 넌지시 웃으면 되는 것이 사덕四德이요, 더불어 마시면 응어리가 풀리는 것이 오덕五德이다.

그렇다면 이낙연이 꼽는 막걸리의 오덕은 뭘까?

배가 불러 안주를 많이 먹지 않아도 되는 것이 일덕이요, 마주앉은 사람들과 주거니 받거니 대화를 나눌 수 있는 것이 이덕이요, 원 샷으로 마시지 않고 천천히 나눠 마실 수 있는 것이 삼덕이요, 주머니가 가벼워도 배불리 마실 수 있는 것이 사덕이요, 2차를 부르지 않는 술이어서 다음 날 일에 영향을 덜 주는 것이 오덕이다.

일찍이 프랑스에는 와인이 있고, 러시아에는 보드카가 있고, 일본에는 청주가 있고, 중국에는 고량주가 있고, 독일에는 맥주가 있고, 영국에는 위스키가 있다면 우리나라에는 농주農酒, 즉 막걸리가 있다. 그 막걸리를 예찬하거나 소재로 삼은 시는 또 얼마나 근사한가. 텁텁한 삶이 그 텁텁한 맛에 고스란히 녹아들어 있다.

막걸리를 좋아한 천상병 시인은 막걸리 한 병이면 온종일 행복하게 보냈다. 그는 "100원만"으로 유명했는데, 막걸리 한 병 값이 100원쯤 할 때여서 지인을 만나면 그렇게 100원씩을 얻어 하루를 행복하게 보낼 막걸리 한 병을 샀다. 그는 〈막걸리〉 시 두어 편을 남겼는데 다음은 널리 애송되는 시다.

남들은 막걸리를 술이라지만
내게는 밥이나 마찬가지다
막걸리를 마시면
배가 불러지니 말이다

막걸리는 술이 아니다
쌀로 만드는 막걸리는
영양분이 많다
그러니 어찌 술이랴

나는 막걸리를 조금씩만
마시니 취한다는 걸 모른다
그저 배만 든든하고
기분만 좋은 것이다

_천상병, 〈막걸리〉 전문

그런가 하면 시인 이문조는 〈막걸리의 추억〉에서 "막걸릿 잔 앞에 놓고 아버지 생각에 목이 멘다"고 노래했다. 이낙연은 막걸리잔을 앞에 놓고 무슨 생각에 목이 메곤 했을까?

막걸리의 성정을 닮은 이낙연

그리고 보면 이낙연은 막걸리의 성정과 특성을 고루 갖췄다. 그의 언어도 그렇고 행동도 그렇고 '아군 아니면 적'이라는 이분법을 극도로 경계한다. 그러면서도 어느 쪽이든 부화뇌동하는 일이 없다. 그래서 그의 약점으로 '뚜렷한 계파가 없어 세력이 약하다느니' 하는 따위를 드는 사람도 있지만 그건 옛날 얘기고 오늘날에는 오히려 특출한 강점이다.

그런 이낙연이야말로 화이부동和而不同의 미덕을 실천하고 있는 군자다. 공자가 군자의 태도로 든 화이부동은 화합하되 작당하지 않는다는 것이다. 화和는 독불장군이 되지 말고 무리와 함께 가라는 뜻이다. 부동不同은 그러면서도 자기 정체성, 즉 줏대를 잃지 말라는 뜻이다. 집단 안에서 존재하되 집단에 매몰되지 말라는 것이다. 그래야 개인도 살고, 그 개인이 속한 집단도 산다는 얘기다.

소주나 위스키 같은 건 증류하여 만드는 화학주로, 화이동和
而同해야 얻을 수 있는 술이다. 어떤 재료도 부동不同을 허락하
지 않아 재료의 성정과는 다른 성정을 가진 존재로 태어난 술이
다. 그러나 발효로 빚어지는 막걸리는 다르다. 재료의 형체는
안 보여도 그 성정은 고스란히 술 안에 살아남아 있다. 그러니
막걸리야말로 화이부동하여 군자의 향기를 머금은 술이다.

이낙연의 막걸리 사랑은 남다른 식견의 '발효 미학'으로까
지 나아간다. 사람 사이의 인연이든, 일상으로 하는 일이든,
국가 대사이든 막걸리처럼 발효가 필요하다는 것이다. 그는
어느 날 연설팀이 쓴 원고를 보고는 생각에도 발효가 필요하
다고 일렀다.

"연설문을 쓰기 전에 자료를 보고 나서 가만히 있어 보세요.
떠오르는 생각들이 있을 겁니다. 그렇게 생각을 발효시켜 연
설문을 쓰세요. 막걸리도 연설도 발효가 필요한 겁니다."

공감의 사람,
믿음의 사람

"3인칭에 대한 사랑을 하는 여러분이 자랑스럽다"

─────────── 공감共感은 '더불어 느끼는 감정'을 말한다. 이낙연은 "공감능력이 뛰어나다"는 말을 듣는데, 그러면 공감능력이란 뭘까?

공감능력을 흔히 "타인의 감정을 이해하는 능력"이라고 하는데, 그것만으로는 자신을 빼놓은 채 타인만을 겨냥하는 말이어서 부족하다. 자신의 감정에 솔직하지 못하면서, 즉 '나'를 부정하면서 남의 감정만 공감한들 그게 무슨 소용인가?

사실 그 자체로 더 큰 문제다. 그건 다룰 수 없는 감정이어서 위험하기 때문이다. 그래서 진정한 공감능력이란 '다른 사람의 감정을 알아차리는 것뿐 아니라 동시에 자신의 감정 또한 알아차리는 능력'이다. 그래야 남의 불행이나 슬픔에 공감하는 나의 감정을 다룰 수 있기 때문이다.

2017년 8월 17일, 이낙연 총리는 정부세종청사에서 공무원 및 그 가족들과 함께 특별한 다큐멘터리 영화를 관람했다.

〈마리안느와 마가렛〉.

오스트리아의 간호사 마리안느와 마가렛은 20대 청춘에 아무 연고도 없는 낯선 땅으로 건너와 40여 년간 소록도 한센인을 간호하며 아낌없는 사랑을 베풀었다. 이들은 모국에서 직접 기부금을 받아와 치료약 구입과 병원 시설 확충에 나서서 경제적 어려움을 겪던 병원 운영에도 큰 도움을 주었다. 한국인 의사와 간호사도 꺼려하는 소록도에서 이들은 환자들의 보호자로, 벗으로 젊은 날을 다 보냈다.

그렇게 40여 년, 두 사람도 나이가 들어 기력이 떨어지고 아픈 데가 늘면서 급기야는 심각한 병을 얻었다. 그러자 이들은 오히려 마을사람들에게 폐를 끼칠까 염려하여 2005년 11월, 편지만 남긴 채 조용히 오스트리아로 돌아갔다. 그 편지 끝에는 오히려 부족해서 미안하다며 용서를 빌었다.

"이 편지를 보는 당신에게 많은 사랑과 신뢰를 받아서 하늘만큼 감사합니다. 우리는 부족한 외국인으로서 큰 사랑과 존경을 받아서 무척 감사드립니다. 이곳에서 같이 지내면서 저희의 부족함으로 마음 아프게 해드렸던 일이 미안합니다. 편지로나마 용서를 빕니다. 여러분에게 감사하는 마음이 큽니다. 그 큰마음에 우리가 보답할 수 없게 되어 하느님께서 우리 대신 갚아주실 겁니다."

이낙연 총리는 이분들의 삶이야말로 "세상을 향한 3인칭의 사랑"이라며 각별하게 챙겼다.

2019년 4월에 '소록도 마리안느·마가렛 나눔연수원'이 문을 열었다. 그 개관 축사에 이 총리의 감동이 고스란히 담겼다.

"두 분 간호사님의 소록도 생활은 사랑의 기적, 그것이었습니다. 두 분은 한센인들의 상처 입은 맨몸에 맨손으로 약을 발라주셨습니다. 한센인들과 같은 밥상에 앉아 국물을 같이 떠서 드셨습니다. 두 분은 일제가 자행한 단종 조치와 강제노역으로 몸과 마음이 부서진 한센인들을 온 마음으로 위로하셨습니다. 가족에게조차 버림받고 '차라리 죽여달라'며 울부짖는 한센인들을 밤새 안아주셨습니다. 의약품과 담요를 고국에서 해마다 얻어다 한센인들께 드리곤 하셨습니다. 그러기를 40년 안팎, 노년에 접어드신 두 분은 이제 소록도에 도움이 되기보다는 짐이 되겠다고 생각해 2005년 홀연히 떠났습니다. 소록도에 들고 오셨던 해진 가방 하나씩만을 다시 들고 두 분은 가셨습니다. 소록도에 보내는 편지 한 장을 김포공항에서 부치고 두 분은 고국으로 가셨습니다."

2019년 7월, 이 총리는 4개국 순방 중 키르기스스탄 현지에서 '민간 외교관'으로 봉사하고 있는 한국 청년들을 만나 "3인칭에 대한 사랑을 하는 여러분이 자랑스럽다"고 격려했다.

"1인칭에 대한 사랑은 누구나 합니다. 2인칭에 대한 사랑도 대부분 사람이 합니다. 하지만 3인칭에 대한 사랑은 아무나 하는 게 아닙니다. 그런데 여러분은 그런 사랑을 합니다. 대단한 일을 하고 있는 겁니다."

이처럼 이낙연은 언제 어디에 가든 공감의 사람이었고, 또 다른 사람들도 공감의 사람이 되기를 바랐다. 특히 공직자라면 무엇보다 "국민의 아픔이 내 아픔으로 느껴져야 한다"고 강조했다. 2018년 1월 2일, 정부서울청사 시무식에서 행한 총리의 신년사는 깊은 울림을 남겼다.

"국민의 얼굴을 마주보고 있지 않더라도 국민의 아픔이 내 아픔으로 느껴지고, 국민의 분노가 내 분노로 느껴져야 합니다. 그게 본능처럼 돼야 합니다. 그래야 공직자입니다."

"정부가 책임을 덜 지기 위해 꼼수를 부리지 않겠습니다"

타인을 공감하고 타인에게 공감을 사려면 무엇보다 믿음이 바탕을 이루어야 한다. 타인의 슬픔에 공감한다며 눈물을 흘리는데, 그 눈물이 의심받으면 둘 사이에는 결코 공감대가 형성될 수 없다. 우리는 그동안 많은 정치인들이 숱한 거짓말과 심지어 거짓 눈물로 유권자의 마음을 현혹하고 공감을 기만한 만행을 봐오지 않았던가.

그러므로 '공감의 사람'이 되려면 먼저 '믿음의 사람'이 되어야 한다. 그것을 누구보다 잘 아는 이낙연은 "믿음의 사람이 되는 것이 필생의 꿈"이라고 했다. 그는 기회 있을 때마다 다른 무엇보다 '신의 있는 사람'이 되고 싶다고 말했다. 2017년 12월, 전주방송 '클릭 이사람' 인터뷰에서도 그런 바람을 밝혔다.

"어떤 총리로 기억됐으면 좋겠습니까?"

"'이낙연 말은 믿어도 돼' 하는 이야기를 들었으면 좋겠다 싶은데, 쉽지 않죠. 그러나 제가 일부러 거짓말을 하거나 그럴 사람은 아닙니다."

2017년 11월 16일, 포항에 지진이 발생하자 포항에 내려와 이재민들을 만난 이 총리는 집이 무너진 자리에서 삶이 무너진 것을 보았다. 총리는 주민들이 일상을 회복할 수 있도록 신속하게 가능한 모든 조치를 취했다.

2019년 12월 28일, 총리는 퇴임을 앞두고 다시 포항을 찾아 그동안 문제들이 얼마나 해결되었는지 확인하고, 일상이 어느 정도 회복되었는지 살폈다. 그 자리에서 총리는 짧지만 인상적인 신뢰의 메시지를 남겼다.

"정부가 책임을 덜 지기 위해 꼼수를 부리지 않겠습니다."

현장을 중시하고 확인 행정에 철저한 이낙연의 이런 행보는 "해결의 정치를 하고 싶다" 던 의지의 발현이다. 그는 국민이 겪는 삶의 문제들을 하나라도 해결하는 것이 정치의 기본이라고 믿는다.

질병관리청장과 코로나19 국난극복위원장

이낙연은 스스로도 신뢰받는 사람이 되려고 무진 노력하기도 했지만 한번 신뢰한 사람은 끝까지 신뢰하는 것으로도 정평이 나 있다. 그가 신뢰하는 사람은 그와 사적으로 얼마나 가까운 사람인지와는 전혀 상관이 없다. 그에게 잘 보이려는 사람은 더더구나 아니다. 어떤 자리, 어떤 환경에서도 자기 일을 사심 없이 묵묵히 해내는 사람을 무한히 신뢰한다. 그 자신이 그렇게 살아오기도 했다.

그런 그의 눈에 정은경 질병관리청장 같은 보석이 들어오지 않을 리 없다. 보건 및 예방의학 전문가로서 1995년 국립보건원 연구관으로 특채된 정은경은 청장에 오르기까지 질병 관리 전담기구와 함께 우여곡절을 겪었다.

노무현 정부는 국립보건원을 질병관리본부로 확대 개편하면서 전염병 관리 전담기구를 설치하고, 전염병을 국가 위기 대응 체계에 포함시켜 표준 매뉴얼과 실무 매뉴얼을 정립했다. 그런 덕분에 사스에 효과적으로 대응할 수 있었다. 그러나 이명박 정부는 출범하자마자 전 정부가 구축해 축적한 질병관리 시스템을 사그리 지워버렸다. 그 때문에 신종플루는 큰 재앙이 되고 말았다. 뒤이은 메르스 대응에 실패하여 세계적인 망신을 산 박근혜 정부는 그 책임을 당시 센터장인 정은경에게 뒤집어씌워 징계했다.

문재인 정부 초대 총리로 취임한 이낙연은 일찍이 정은경을 알아보고 2직급을 올려 질병관리본부장에 발탁했다. 과연 정은경은 망가진 질병관리시스템을 신속하게 복원하고 조직의 역량을 강화함으로써 유례없는 코로나 재난에 신속하고 효과적으로 대응하여 'K-방역'의 신화를 썼다.

2019년 12월, 질병관리본부장 교체설이 번지자 이낙연은 민주당 코로나19 국난극복위원장으로서 후임 총리에게 정은경의 연임을 추천한 것으로 알려졌다. 이후로도 질본의 방역 대책을 적극 지지하며 질병관리청 승격에도 힘을 실었다. 이윽고 승격을 기해 초대 청장에 다른 인물이 물망에 오르자 이낙연은 "그만한 사람 없다"며 정은경을 적극 추천했다.

어쩌면 이낙연도 국민들도 좌고우면하지 않고 묵묵히, 그리고 변함없이, 그러나 치열하게 자기 일을 해내는 정은경의 태도에 신뢰가 쌓여 무한한 응원을 보내온 것은 아닐까.

한없이 몸을 낮추는 정치

2020년 5월 5일에 벌어진 하나의 상황을 두고 반대파는 이낙연을 향해 악담을 퍼부었다. 그러나 그것이 오히려 역효과를 낳아 공격하던 사람들을 머쓱하게 만들었다. 이낙연을 깎아내리고자 모함에 가까운 비난을 퍼부은 것인데, 그것이 결국 이낙연이 얼마나 책임감 있고 겸손하며 신뢰를 중시하는 정치인인지를 보여주고 만 것이다.

이낙연은 그날 이천 물류창고 화재 합동분향소를 찾아 조문했다. 개인 자격으로 조문을 결정한 그는 주변에 알리지 않고 조용히 분향소를 찾았다. 조문을 마친 그에게 한 유가족이 진정했다.

"이번 기회에 법을 바꿔야 하는 것 아니에요?"

그러자 그는 정중하게 대답했다.

"잘 전달하고 협의가 잘 되도록 돕겠습니다. 다만, 제가 지금 현직에 있지 않고 책임 있는 자리에 있지 않습니다."

이에 답변이 성의가 없었다고 여겼는지, 일부 유가족이 감정에 치우쳐 이낙연을 공격하다시피 하면서 '더 할 말 없으면 가라' 며 밀어냈고, 도무지 빈 말을 할 줄 모르는 그로서는 '그러겠다' 며 물러났다는 것이다.

다음 날 장제원 통합당 의원은 이런 상황을 두고 "머리만 있고 가슴은 없는 정치의 전형을 본다. 이성만 있고 눈물은 없는 정치의 진수를 본다" 며 공격했다. 그러나 이게 어디 비난 받을 일인가. 더구나 이때 이낙연은 당선인 신분이지 국회의원도 아니었다. 대부분의 정치인들은 책임지지도 못할, 심지어는 마음에도 없는 빈 말을 남발하는 버릇이 있다. 그래서 주제 넘는 언행을 아무렇지도 않게 일삼고 다닌다. 하지만 이낙연은 주제 넘는 언행을 극도로 삼가는 사람이다. 자기 주제에 알맞게 말하고 행동하는 것이 몸에 배어 있어 다른 사람의 주제를 침범하지 않는다. 그 대신에 자기 주제를 다른 사람이 함부로 침범하는 것도 용납하지 않는다.

그는 바로 그런 것이 국민에 대해 책임 있는 정치인, 국민이 신뢰할 수 있는 정치인의 태도라고 여긴다.

그럼에도 불구하고 이낙연은 그날의 상황이 논란이 되자 "유가족의 슬픔과 분노를 아프도록 이해하며, 그러한 유가족의 마음에 제 얕은 생각이 다다를 수 없는데 그것을 충분히 인지하지 못한 것은 저의 수양 부족"이라며 사과했다. 또 여러 "비판에 대해서도 아프게 받아들이며, 좋은 충고를 해주신 데에 감사하다"며 몸을 낮췄다.

그는 어떤 논란이 벌어지고 거기에 자기도 조금이나마 책임이 있다고 인정하면 구구하게 변명하는 법이 없다. 진심으로 사과하고 몸을 낮춰 용서를 구한다. 나아가 필요하다면 그 논란을 일으킨 문제를 언제고 해결하는 데 앞장선다.

과연 그는 여당 대표로서 책임 있는 위치에 서자 '생명안전기본법'과 '중대재해기업처벌법' 제정을 약속했다. 그는 이렇게 내내 신뢰와 책임감을 생명으로 정치를 한다.

유머로 건네는
따뜻한 마음

"유머의 본질은 경멸이 아니라 사랑"

─────────── 정치는 말이 8할이다. 말은 국민과 소통할 수 있는 일차적 수단이기 때문이다. 정치인이라면 누구나 국민과의 소통을 강조하지만 상대방을 칭찬하면 큰일 나는 줄 안다. 입만 열면 서로 상대방을 비난하는 데만 급급할 뿐, 유머나 위트로 대치의 팽팽한 긴장감을 일시에 와해시키고 유연한 정치의 문을 열 줄 아는 정치인은 드물다.

1858년, 미국 상원의원 합동 선거 연설회에서 더글러스가 아주 좋은 건수를 잡았다는 투로 의기양양하게 링컨을 공격했다.

"여러분, 링컨은 전에 식료품 가게를 운영했는데, 그때 식료품 가게에서는 팔지 못하도록 법으로 금지되어 있는 술을 팔았습니다. 함부로 법을 어기는 사람이 어떻게 국회의원이 될 수 있단 말입니까?"

링컨은 이윽고 자기 연설 차례가 되자 태연한 얼굴로 청중을 한 바퀴 빙 둘러보며 말했다.

"여러분, 좀 전에 더글러스가 한 말은 모두 사실입니다. 그리고 그때 제 가게에서 술을 가장 많이 사간 손님이 바로 더글러스라는 것도 사실입니다."

순간, 팽팽하던 긴장감이 확 풀리면서 연설회 마당은 웃음바다가 되었다. 뜻밖의 되치기를 당한 더글러스조차 웃음을 참을 수가 없었다. 유머의 힘이다. 두 사람은 오랜 맞수였다가 나중에 신실한 벗이 되지만 더글러스가 갑자기 세상을 떠나는 바람에 우정을 나눌 시간이 많지 않았다.

영국 수상 처칠이 언젠가 의회에 지각을 했는데 의원들의 비난이 쏟아졌다. 그러자 처칠은 그 비난을 다 받으면서도 여유를 잃지 않고 천연덕스럽게 대답했다.

"죄송합니다. 하지만 저처럼 너무 예쁜 아내와 사는 사람이라면 제시간에 나오기가 쉽지 않을 것입니다."

순간, 여야를 막론하고 의회에서는 비난 대신 폭소가 터졌다. 비난에 맞서면 서로 적대감만 커지지만 이처럼 비난조차 유머로 대하면 있던 적대감도 해소된다. 이것이 정치고, 정치란 이래야 할 맛이 나지 않겠는가.

영국의 평론가 토머스 칼라일이 유머에 관해 중요한 말을 남겼다. "유머의 본질은 경멸이 아니라 사랑"이라는 것이다.

"미소의 근원은 마음 깊은 곳에 있다. 따라서 진정한 유머는 머리가 아니라 가슴에서 나온다. 결국 유머의 본질은 경멸이 아니라 사랑이다."

"저도 국회에 나오면 정신이 나갈 때가 있습니다"

우리 정치에도 링컨이나 처칠 못지않게 뛰어난 유머를 구사하는 정치인이 여럿 있다. 그 가운데서도 고인이 된 노회찬 전 의원은 발군의 유머로 우리 정치의 품격을 높였다는 찬사를 듣는다. 이런 노회찬에 버금가는 유머의 달인이 있으니 바로 이낙연이다.

2017년 9월, 국회 대정부 질문 자리에서는 국회의원들과 정부 당국자들 간에 설전이 벌어졌다. 그런 가운데 총리의 답변은 '사이다'로 회자되며 널리 퍼졌다. 하지만 거기에 유머가 빠졌다면, 시원함만 있고 웃음이나 감동은 없었을 것이다. 이낙연의 유머는 웃음을 주지만 웃음을 넘어 감동을 준다는 점에서 남다르다.

노웅래 의원더불어민주당이 송영무 국방장관의 발언을 두고 총리에게 따져 물었다가 총리의 유머에 웃음을 참을 수 없게 되었다.

"송영무 국방장관이 이쪽저쪽 가서 '전술핵 재배치할 수 있다' 이렇게 이야기하는데 정부 내 협의가 된 것입니까?"

"협의되지 않았습니다. 국방장관은 의원님의 질의에 대한 답변 과정에서 '모든 가능한 옵션들을 검토할 수 있다' 그런 원론적인 답변을 한 것이고 정부로서는 고려하지 않고 있습니다."

"그럼 정부와 협의되지 않았는데 국방장관이 마음대로 전술핵 재배치 이야기할 수 있습니까?"

"'국방장관으로서 국회에서 의원들의 무서운 질의를 받다 보면 그런 답변이 나올 수도 있겠구나' 싶지만 바람직하지 않다고 생각합니다."

"국방장관이 정신없는 분은 아니지 않나. 뭔가 숨은 뜻, 복선이 있을 겁니다. 그 뜻이 뭔지 이야기할 수 있습니까? 정신 나가서 이야기한 건 아니잖아요?"

"그러나 국회의원을 꽤 했던 저도 국회에 나오면 정신이 나갈 때가 있습니다."

"(웃음) 공적으로는 정신 나가시면 안 됩니다."

MBC TV 프로그램 〈느낌표〉의 '눈을 떠요' 코너는 각막 이식 현실과 장기기증 운동을 널리 알리는 데 크게 기여하는 것으로 사회에 선한 영향력을 끼쳤다.

2005년, 111명의 국회의원들이 이 프로그램에 공감하여 장기 기증 서약을 했다. 그 자리에서 의원들이 돌아가며 한 마디씩 했다. 이윽고 이낙연 차례가 되었다.

"지난해 헌혈 캠페인에 이어 장기 기증에도 동참하게 돼 감회가 새롭습니다. 다만, 정치인의 장기도 받아줄지 두렵습니다."

순간, 다들 웃음이 나왔지만 뼈 있는 농담에 도둑이 제 발 저린 느낌이었는지 웃음을 시원히 터뜨리지 못하고 참는 모습이 역력했다. 스스로를 성찰하고 그것을 인정하는 사람만이 던질 수 있는 유머였다.

그래서일까. 사람들은 자기도 모르게 이낙연을 좋아하게 되었다. 정치는 물론 보통사람의 일상에서도 살을 벨 듯 날선 대꾸보다 따듯한 유머가 상대방을 감싸면서도 상황을 접수해 버린다. '왜 이낙연을 지지하거나 좋아하느냐'고 물으면 예외 없이 그가 보여준 정치의 품격을 꼽는다.

게다가 농담처럼 부드러우면서도 뼈 때리는 말로 가슴을 후련하게 하고, 형편없이 무례하게 구는 사람에게조차 예의를 갖추는 모습에 감동했다는 것이다. 그를 통해 우리 정치의 희망을 보았다는 것이다.

이런 찬사에 이낙연은 멋쩍었는지 역시 유머로 대꾸한다.

"연일 촌철살인을 했더니, 연쇄살인이 되었습니다."

"내 나이가 좀 어중간하지?"

이낙연은 자신의 그런 유머감각은 무학이지만 한없이 지혜로웠던 어머니로부터 물려받았다고 말한다.

"어머님이 무학입니다. 아버님도 그렇고. 그런데 지혜로운 분이세요. 어머니란 직업이 지혜로운 직업이에요. 인생에서 가장 감동적인 변화, 엄청난 변화는 소녀가 엄마가 되는 게 아닌가 싶어요. 남자는 그 경험을 못하기 때문에 죽을 때까지 철이 없는 거예요. 여성은 그 경험을 하는 순간 새로운 사람으로 태어납니다. 어머님의 지혜로움과 인내심은 늘 우리 모두에게 엄청난 이야깃거리가 되고 평생 자신을 뒤돌아보게 하는 교훈이 되었습니다. 어머님은 가난 때문에 평생을 전쟁하듯이 살아왔지만 유머가 있어요. 제가 어머니를 많이 닮았어요. 유머감각, 매사를 긍정하는 태도, 무언가에 정신없이 빠져버리는 것, 곱슬머리, 고혈압까지도. 어머니 연세가 90이었을 때의 이 야기 하나 들려드릴까요. 제가 도지사가 되자 어머님이 공관 뒤 텃밭에 고추, 상추, 가지, 오이 농사를 지으셨습니다. 그때 딸들에게 이렇게 말했다고 합니다. '내가 영광 집에 가서 농사 를 제대로 해볼까 싶은데 나이가 좀 어중간하지?' 90을 어중간 하다고 표현하는 것이 그분의 독특한 유머감각입니다."

이런 그의 어머니는 그가 총리로 재직하던 2018년 3월에 향 년 92세로 세상을 떠났다. 어머니는 돌아가시기 1년 전에 아들 이 총리가 되었다는 소식을 접하고 아들을 염려했다.

"도지사가 되었을 때는 참말로 좋았는데, 이번에는 마음이 편치 않구나. 너도 이제 쉴 나이가 되었는데….'

"당신이 있어 내가 있다"

유머의 정치인 이낙연은 마음이 따뜻한 정치인이기도 하다. 더불어 그의 유머에도 따뜻한 마음이 담긴다.

2020년 9월 7일, 이낙연은 교섭단체 대표 국회 연설에서 "당 신이 있어 내가 있다"는 '우분투'를 인용해 더불어 사는 사회 를 만들 것을 제안했다.

"어느 인류학자의 아프리카 경험을 소개해 드리겠습니다. 학자가 아이들에게 달리기 시합을 시켰습니다. 아이들이 좋아하는 음식을 바구니에 가득 담아놓고, 달리기에서 1등 한 아이가 그 음식을 다 먹기로 했습니다. 시작을 외치자, 놀라운 광경이 펼쳐졌습니다. 아이들은 서로의 손을 잡고 나란히 달렸습니다. 모두 1등으로 들어왔습니다. 그리고 함께 모여 음식을 나눠 먹었습니다. 학자는 궁금했습니다. 혼자 1등을 하면 다 먹을 수 있는데, 왜 함께 들어왔느냐고 물었습니다. 아이들은 해맑게 웃으며 '우분투!'를 외쳤습니다. … 그런 연대와 협력으로 우리는 지금의 국난도 극복할 것입니다. 내 가족, 내 이웃들과 누렸던 일상의 평화도 되찾을 것입니다. 코로나 이후 시대도 성공적으로 준비할 것입니다. '우분투', 나의 안전은 이웃의 안전에 달려 있습니다. 나의 행복은 이웃의 행복에 달려 있습니다. 당신이 있어 내가 있습니다."

남아프리카공화국 반투족의 말에서 유래된 '우분투ubuntu'는 아프리카 평화운동의 사상적 뿌리다. 우분투는 다양한 뜻을 함의하지만 남아프리카공화국 성공회 투투 대주교는 이렇게 설명했다.

"우분투 정신을 갖춘 사람은 마음이 열려 있고 다른 사람을 기꺼이 도우며 다른 사람의 생각을 인정할 줄 안다. 그리고 다른 사람이 뛰어나고 유능하다고 해서 위기의식을 느끼지도 않는다. 그것은 자신이 더 큰 집단에 속하는 일원일 뿐이며 다른 사람이 굴욕을 당하거나 홀대를 받을 때 자기도 마찬가지로 그런 일을 당하는 것과 같다는 점을 잘 알고 있기 때문이다. 그런 점을 알기에 우분투 정신을 갖춘 사람은 굳센 자기 확신을 가질 수 있다."

3장

현장에서 답을 찾다

2020년 3월 26일, 이낙연은 종로구 선거관리위원회에서

후보자 등록을 마쳤다. 그 자리에서 기자들이 물었다.

"어떤 선거 전략과 기획을 가지고 있습니까?"

이낙연은 한마디로 전략이나 기획 같은 건 없다고 대답했다.

"저는 예전부터 선거를 전략이나 기획으로 보고 있지 않습니다.

선거야말로 유권자와 후보자의 진심어린 대화여야 합니다."

바로 이 한마디의 대답만으로도 우리는 이낙연의 언어와 정치가

획득하고 있는 품격의 경지를 가늠할 수 있다.

쓸모의 정치:
각론정치와 현장수첩

"메모한다. 고로 나는 존재한다"

_____ 정치는 무엇보다 쓸모가 있어야 한다. 그
쓸모는 누구의 쓸모인가? 말할 것도 없이 국민의 쓸모다. 정치
란 정치인이 아니라 국민의 쓸모 때문에 존재하는 것이니 말
이다.

그러나 우리 정치는 너무도 오랫동안 국민의 쓸모를 위해 존
재하지 못하고, 정치인 자신들의 사적인 쓸모와 이해관계를
함께하는 기득권의 쓸모에 봉사하느라 오히려 국민을 핍박하
고 기만하고 좌절시키고 어려움에 빠뜨렸다.

민주화운동 이후 지금껏 적잖은 변화가 일어나 정치가 국민
의 쓸모를 위해 상당히 나아가고 있지만 아직도 정치인 개별

적으로는 상당수가 국민의 쓸모보다는 자신의 사적 쓸모를 위해 물밑에서 정치를 이용하고 있다. 말로는 국민의 쓸모를 입이 닳도록 외치면서도 실상은 국민의 쓸모를 배반하는 데 이골이 나 있다. 어떤 정치인들은 아예 내놓고 그 짓을 하기도 한다.

이런 가운데 진짜가 나타났다. 왜 그가 진짜일까? 2019년 4월, 총리로서 강원도 산불 재난에 대한 대처와 주민들을 대하는 그의 태도만 봐도 알 수 있다. 그 과정에서 현장의 상황과 목소리를 깨알처럼 적은 그의 수첩도 화제가 되었다.

4월 5일 오전, 중앙재난상황실에서 강원도 산불 대책 관계 장관 회의를 주재하고 대통령에게 국가재난사태 선포를 건의하는 한편 소관 부처에 '깨알 지시'를 내렸다. 그리고 즉시 현장으로 움직였다. 행정안전부 장관이 이미 현장에 가 있었지만 다음 날로 장관이 바뀌는 상황이어서 혹시 업무 공백이 생길까 염려하여 총리가 직접 나선 것이다.

이 총리는 산불을 꺼야 할 헬기 대신 차량으로 현장을 찾았다. 형식적인 의전은 모두 물리고 오직 신속한 재난 대응에만 집중했다. 현장에서도 산불 진압 작업에 혹시 방해가 되지 않을까 각별히 신경 썼다. 피해 현장을 둘러본 총리는 이재민을 찾아 손을 부여잡고 위로했다. 형식이 아니었다. 이재민에게 실질적으로 쓸모가 있는 약속과 함께 진심어린 위로를 건넸다.

그러는 중에 앞선 정부 대책 회의 내용, 현장 상황과 주민들과의 대화, 정부가 해야 할 일, 현장에 시급히 필요한 것 등이 그의 수첩에 빼곡히 적혔다. 그는 주요 대목마다 현장의 모습과 정부의 대처를 국민에게 보고하여 거의 실시간으로 공유함으로써 국민적 불안감을 최소화했다.

이낙연의 쓸모의 정치는 오랜 메모 습관에서 비롯한다 해도 과언이 아니다. 2019년 강원도 산불 현장에서도 한 손 안에 들어가는 작은 수첩에 골똘한 표정으로 뭔가를 열심히 적는 모습이 눈에 띄었다. '잔불 정리, 뒷불 감시, 복구 지원 …' 같은 현장에서 요구되는 것들이 수첩에 빼곡했다. 가히 메모광다운 어록까지 남겼다.

"메모한다. 고로 나는 존재한다."

30년 가까이 오른쪽 뒷주머니에 수첩을 넣어두고 다녀 엉덩이 균형이 무너져 허리가 아플 정도라니, 무슨 말을 더 하겠는가.

왜 돼지고기 가격이 그토록 궁금했던 걸까?

그의 현장 행보, 즉 쓸모의 정치는 여느 정치인들이 하는 것처럼 보여주기 식 이벤트가 아니다. 언제 어디서든 늘 꾸준히 상시로 실행되는 진심어린 일상이다. 그는 총리 시절에 정육점을 지날 때마다 돼지고기 가격이 얼마인지 묻곤 했다. 총리는 왜 돼지고기 가격이 그토록 궁금했던 걸까?

2019년 9월, 경기도 파주에 이어 연천 돼지농장에서 아프리카돼지열병 확진 판정이 내려지자 그 확산을 막기 위해 포천을 보루로 삼아 이 총리는 밤낮없이 행정력을 총동원하고 모든 가능성을 사전에 탐지하여 거의 완벽한 방어선을 구축했다. 돼지열병에 걸린 돼지가 북한에서 확진이 되면, 멧돼지를 통해 남한에 전파될 가능성이 커서, 비무장 지대를 포함하여 인근 농가들에 보상금을 주고 차단방역까지 실시했다. 그런 덕분에 더 이상 확산하는 일 없이, 또 추후에 재발하는 일 없이 재난으로부터 농가를 보호할 수 있게 되었다.

혹 아프리카돼지열병에 대한 걱정으로 국민들의 돼지고기 소비가 급감하여 가격이 폭락하는 건 아닌지 염려되어 그렇게 정육점만 보면 돼지고기 가격을 묻곤 한 것이다.

이런 이낙연이 2020년 4·15 총선을 3개월 앞두고 정치에 복귀하기 위해 총리에서 물러났다. 역대 최장수 총리 기록을 세우고 뜨거운 박수를 받으며 퇴임했다. 그는 그 소회를 이렇게 밝혔다.

"국민이 갈증을 느끼는 건 정치에서의 품격, 신뢰감이 아닐까 생각합니다. 제가 돌아가는 곳이 비록 정글 같은 곳이지만 모처럼 국민이 제게 신망을 보여준 그런 정치를 하려고 생각합니다."

그러면서 예의 쓸모의 정치를 거론했다.

"기자 경력 21년, 국회의원 4선을 하면서 문제의식은 왕성했지만 문제의 실체와 해결 과정은 잘 알지 못했습니다. 그나마 전남지사와 총리를 하면서는 후자를 알게 된 게 큰 소득이었고, 다시 정치로 돌아간다면 좀 더 진중해지고 무겁게 할 것이라는 생각이 듭니다."

그는 정치 일선 복귀를 앞두고 '실용적 진보주의' 관점에서 해법을 찾아보려고 노력하는 정치인이 되겠다는 소신을 밝혔다.

"진보는 앞으로 한 걸음이라도 나아가는 것이고, 실용은 늘 문제를 해결하고 결과를 내야 한다는 의미입니다. 추구하는 가치만큼 문제를 실질적으로 해결하는 게 중요하다는 관점에서 실용을 포기해서는 안 된다고 생각합니다."

정치의 뿌리를 줄곧 국민과 민심에 두어온 그는 정치 공학적 사고를 경계한다. 그래서 늘 자신의 정치적 입지에 대해서도 실용적 태도를 지킨다.

당 대표 경선을 앞둔 시점에서 그는 차기 대권주자 선호도 1위를 달렸다. 그런데 많은 사람들이 당내 조직 기반이 약하다는 것을 그의 최대 약점으로 꼽았다. 기자들도 그런 질문을 버릇처럼 던지곤 했다. 이에 그는 담담하게 반문하여 말문이 막히게 했다.

"정치인에겐 조직 기반도 필요하겠지만 국민에 대한 호소력이 못지않게 필요하고, 후자가 더 중요해지는 시대가 아닌가 생각합니다. 작은 조직 논리로만 접근하는 게 정치인 임무에 부합할까라는 의문을 갖습니다."

"두려운 건 오직 국민뿐"

앞에서 이낙연의 현장주의와 깨알 수첩을 언급했는데, 바로 거기에서 이낙연 정치의 섬세함이 나온다. 섬세함은 이낙연의 정치뿐 아니라 인생의 핵심이다.

전남도지사 시절, 이낙연의 별명은 '이주사'였다. 땀으로 온몸을 흠뻑 적시며 도내 곳곳을 누빌 정도로 현장을 중시했다. 총리로 재임하는 중에는 한 가지 별명이 더 생겼다. '이낙연'과 '디테일'을 합쳐 만든 '이테일'이다.

2019년 1월 15일, 수도권에 미세먼지 비상저감조치가 발령되고 차량 2부제가 시행되었다. 이때 '이테일' 총리가 일갈했다.

"정부가 정한 대책도 따르지 않는 공직자는 인사 불이익을 주도록 제도화했으면 한다."

공무원들이 차량 2부제를 제대로 지키지 않자 공무원 조직 전체를 향해 총리가 경고성 쓴소리를 던진 것이다.

업무의 디테일까지 훤히 꿰고 있는 '이테일' 총리와 업무 회의를 하는 것은 결코 쉬운 일이 아니다. 공무원들은 사안의 핵심을 알기 쉽고 간명하게 말할 수 있어야 했는데, 그만큼 사안을 완벽하게 파악하고 있어야 했다. 빈틈을 여지없이 찌르고 들어오는 '이테일' 총리의 구체적인 질문에 제대로 답하기 위해서라도 자기 업무는 물론 업무 관련 주변 정황까지 충분히 파악해야 한다. 공무원들이 긴장을 늦추지 않고 자기 일을 확실히 파악하고 있으면, 무엇보다도 국민의 삶이 편해지게 마련이다. 앞에서도 거듭 강조한 국민에게 쓸모 있는 정치, 그것이 늘 문제이고, 그 문제의 핵심은 '디테일'에 있다.

이처럼 실질적으로 국민을 위해 일하는 공직자의 표상이 되고자 한 이낙연은 스스로도 '총리 의전'으로 인해 사람들에게 공연한 불편과 번거로움을 끼치는 것을 극도로 경계했다. 그래서 몇 가지 관행을 바꾸거나 없앴다. 총리가 지방 행사에 참여할 때마다 행해지던 의전 관행을 없애는, 새로운 관행을 만든 것도 그 하나다.

그는 자신이 혼자 할 수 있는 것이면 다 혼자서 해결했다. 차문을 열어주거나 가방을 들어준다고 나서는 비서를 야단치기도 했다. 국민 세금으로 월급을 주는 비서관들의 시간과 에너지를 그런 데 낭비하지 말라는 것이다.

누군가 "좀 더 편하게 갈 수 있는데, 굳이 그럴 필요가 있느냐?"고 묻자 이낙연의 대답이 걸작이다.

"국민들께서 아직 제게 그런 권한을 주지 않으셨습니다. 두려운 건 오직 국민뿐이지요."

특별한 친구, 강원도 신남마을 이장 김동혁

2020년 1월 14일, 정부서울청사 마당에서 조촐한 총리 퇴임식이 열렸다. 총리의 소임을 마치고 떠나는 퇴임사에서도 역시 국민이 앞이었다.

"위대한 국민을 섬길 수 있었던 것은 제 인생 최고의 행운이자 영광이었습니다."

퇴임사를 마치고 함께한 공직자들과 인사를 나누는 총리에게 백발이 성성한 남자가 한 아름의 꽃다발을 건넸다. 그를 알아본 총리의 얼굴이 순간 환해졌다. 총리는 성큼성큼 다가가 반갑게 포옹했다. 그가 누구기에 총리는 그토록 반색을 할 걸까?

2019년 10월, 엄청난 폭우를 동반한 태풍 미탁이 동해안 지역을 휩쓸고 지나갔다. 그때 가장 큰 피해를 입은 마을이 삼척시 원덕읍 갈남리 신남마을이었다. 총리는 맨 먼저 그곳을 찾았고 이후에도 그곳을 비롯해 여러 번 재해 현장을 찾았다. 총리 퇴임 직전에도 상황이 진척되어 가는 것을 확인하고 돌아갔다. 신남마을 이장은 꼼꼼하고 열정적인 총리의 모습에 감복했다. 게다가 격 없이 마주앉아 소통하는 모습에 기꺼이 총리의 친구가 되었다.

그 친구가 바로 퇴임하는 총리에게 꽃다발을 안긴 신남마을 김동혁 이장이다.

태풍으로 폭우가 쏟아져 마을에 물이 차기 시작한 시각은 모두가 잠든 밤이었다. 마을을 관통하는 복개천을 중심으로 빗물이 넘치기 시작하자 곧바로 주민들에게 대피 방송을 하고 일일이 전화와 문자를 보내 대피를 독려하고 서로서로 이웃의 대피를 도와줄 것을 당부했다. 연락이 닿지 않는 집에는 가슴까지 차오른 물길을 거슬러 다니며 대피를 시켰고, 119구조대가 도착하자 내내 함께하면서 한 명의 주민도 빠짐없이 구조하여 대피시켰다.

이 마을은 복개천이 무너지면서 103가구 중 8가구가 흙더미에 완전히 파묻히고 60여 가구가 침수되는 심각한 피해를 입었지만 이장의 헌신적인 구조 활동 덕분에 인명 피해는 한 명도 없었다.

재난 현장에서 만난 총리와 이장. 두 사람은 국민의 쓸모라는 점에서 금세 서로를 알아보고 의기투합하여 친구가 되었다. 아름다운 우정이다. 이낙연은 문득 서울을 벗어나 쉬고 싶을 때, 아니 그저 그 친구가 보고 싶어서, 혼자 삼척의 신남마을로 친구를 찾아가 막걸릿잔을 기울이곤 하지 않을까.

품격의 정치:
말로 빚는 정치의 품격

"국민이 갈증을 느끼는 건 정치에서의 품격"

_____ 앞에서도 언급했지만 이낙연은 기회 있을 때마다 품격 있는 정치를 소망했다. 총리에서 퇴임하고 당으로 돌아가는 자리에서도 "국민이 갈증을 느끼는 건 정치에서의 품격"임을 들어, 그런 정치를 할 것임을 내비쳤다.

정치는 곧 말이다. 고대 그리스 아고라에서부터 오늘날의 의회에 이르기까지 정치는 말과 말이 오고가는 말의 경연장이다. 그런 말에도 품격이 있어서, 정치의 수준을 보여주었다.

조선 이전은 다 왕조 시대이고, 일제강점기야 나라도 정치도 없는 시대여서 정치를 논할 것도 없으니, 해방 후 민주공화국 정체가 수립된 이후의 대한민국 정치사를 보면 우리 정치는 품격과는 거리가 멀었다. 수준 이하의 험한 말들, 아니 심지어는 욕설이 난무했고, 급기야는 민의의 전당이라는 의사당이 폭력으로 물들기까지 했다.

오늘날이야 예전에 비하면 적잖이 좋아졌다지만 아직도 비속한 말, 막 질러대는 말, 근거도 없는 모략의 말이 자주 오가고 야유와 욕설과 고성이 의사당 천정을 찌르는 일도 허다하다. 이처럼 정치인들의 언행에서 품격을 찾아보기는 어렵고 오히려 정치 혐오를 부를 만큼 야비함을 보는 일은 잦다.

이런 우리 정치사에서 보기 드물게 품격 있는 언어를 구사하여 정치의 격을 한층 높인 정치인이 나타났으니, 촌철살인의 대명사로 불린 노회찬이다. 그는 품격 있는 정치언어로 소통하는 고급한 정치인이었다.

그는 목적을 위해서라면 수단을 가리지 않고 막말과 가짜뉴스를 생산해내는 저급한 정치인들과는 차원이 다른 언어를 구사했다. 정곡을 찌르는 비유로 촌철살인의 극치를 보여준다는 그의 언어는 대중적 현실감이 있으면서도 간명했다. 더구나 그의 언어는 실사구시를 바탕으로 현실을 바꾸고 미래를 설계하고자 하는 포부로, 혼란 속에서도 공감을 이끌어내려 했다. 그와는 정적의 처지에 있는 사람들도 그의 언어에는 고개를 끄덕이지 않을 수 없었다. 그래서 그의 빈자리가 더 크게 느껴진다.

이런 노회찬도 생전에 이낙연이 구사하는 언어와 정치의 품격을 높이 샀다. 품격의 고수끼리는 서로 통한다고 할까.

앞에서도 언급한 대로 2017년 노회찬은 '김어준의 뉴스공장'에 나와 이낙연 총리의 국회 대정부 질문에 대한 답변을 두고 기발한 비유의 촌평을 남겼다.

"보니까 참 자상하다. 중학생을 대하는 자상한 대학생 같다는 생각이 들었다. 결과적으로는 말도 안 되는 질문을 한 사람들이 원래는 자해공갈단 같은 거였는데, 자해만 하고 공갈은 못하는 그런 상황이 된 것이다."

국민들에게 비유의 달인으로 각인된 노회찬은 생전에 촌철살인의 비유와 참신한 정치언어로 우리 정치의 품격을 높여놓았다.

"그럼 뭘 해야 할까요?"

2018년 1월 2일, JTBC 신년 토론에서 김성태 자유한국당 원내대표가 '한일 위안부 합의문' 공개를 비판했다.

"위안부 협상 문제에서 잘못된 부분을 문재인 정부에서 문제 제기할 다른 방법이 있는데, 30년 동안 보관해야 할 외교 기밀문서를 군이 2년 만에 밝혀야 했습니까?"

이에 노회찬 정의당 원내대표는 비유를 통해 상대가 말문을 잃게 했다.

"건물 유리창을 함부로 깨면 안 되지만, 불이 났고 안에 사람이 있으면 유리창을 깨서라도 사람을 구해야 하지 않겠어요?"

또 임종석 비서실장을 UAE에 특사로 파견한 것과 관련된 쟁점을 김 원내대표가 따졌다.

"정의당 김종대 의원이 중요한 기밀사항을 알고 있던데, 문재인 정부에서 그런 정보를 흘러준 것이 아니에요?"

그러자 노 원내대표는 촌철살인의 비유로 사람들의 웃음을 자아냈다.

"원내 제1야당쯤 되면 열심히 좀 뛰어다니세요. 공부 안 해서 시험 성적 나쁜 걸 가지고, 담임선생님이 (다른 애한테) 정답 가르쳐줬다고 탓하면 되나요?"

그 밖에도 노회찬은 '김어준의 뉴스공장' 인터뷰에서 공수처 설치에 반대하는 자유한국당을 향해 기발한 비유로 돌직구를 날렸다.

"동네에 파출소가 생긴다고 하니 그 동네 폭력배들이 싫어하는 것과 똑같은 것입니다. 모기들이 반대한다고 에프킬라

안 삽니까?"

이처럼 노회찬이 적절한 비유로 상대방을 무장 해제시켰다면, 이낙연은 상대방의 말이 가진 허점이나 모순을 짚어주거나 반문하는 것만으로 상대방 스스로 무장 해제되도록 했다.

국회 대정부 질문 자리에서 자유한국당 안상수 의원이 이낙연 총리에게 얼토당토않은 질문을 던졌다.

"왜 평양에서 태극기가 보이지 않았습니까? 대통령님께서는 태극기가 자랑스럽지 않으신 겁니까?"

이에 총리가 반박하는 대신 간단하게 반문했다.

"그럼 의원님은 김정은이 만일 한국에 온다면, 인공기를 흔드실 수 있겠습니까?"

그러자 안상수는 뜻밖의 반문에 말문이 막혀 "예, 알겠습니다" 하고 말았다. 또 안상수 의원은 "북한의 김정은 위원장과 협상하는 게 맞느냐"고 따져 물었다.

그러자 또 총리가 반문했다.

"그럼 뭘 해야 할까요?"

이에 말문이 막힌 안 의원은 얼른 화제를 바꿨다.

세월이 가도 크게 달라지지 않는 정치인들의 막말과 거짓말 행태에 국민들의 기분이 언짢은 가운데 이낙연, 노회찬 두 정치인이 보여준 참신하고 품격 있는 언어는 '정치인의 언어' 가

어떠해야 하는지 잘 보여준다.

촌철살인의 언어와 막힘없는 답변의 비밀

해마다 열리는 국정감사 국회 대정부 질문 현장에서 보아온 익숙한 풍경이 하나 있다. 야당 국회의원들이 총리를 비롯한 정부 당국자들을 불러놓고 호통을 치는 장면이다. 그러면 정부 당국자들은 쩔쩔매며 할 말도 제대로 못하고 면피하기에 급급해한다.

여당 국회의원들은 그에 맞서 정부 당국자의 방패 역할을 자임한다. 그러다가 여야 의원들끼리 볼썽사나운 설전을 벌이고, 심지어는 욕설까지 주고받는다. 그러다 보니 국민들에게 정부의 실책이나 실정을 조리 있게 따져 묻고 엄정하게 대책을 요구하는 생산적인 자리로 인식되기보다는, 다시 말해 입법부가 행정부를 엄정하게 감시하고 정당하게 견제하는 자리로 인식되기보다는 국회의원이 일방적으로 일장 훈시를 하거나 근거도 없는 비난을 일삼는가 하면 당국자의 말꼬리나 잡고 늘어져 호통을 치며 국회의원의 위세를 한껏 떨치는 자리쯤으로 인식되었다.

문재인 정부의 초대 총리 이낙연이 재임한 지 3개월 남짓 지난 2017년 9월, 국회 대정부 질문이 열렸다. 야당 의원들은 총리를 불러다 놓고 역시 타성을 못 버리고 지금껏 하던 대로 발목 잡기 차원에서 생트집을 잡는가 하면, '아니면 말고' 식의 엉터리 질문을 쏟아냈다.

그러나 이때는 임자를 잘못 만났다. 이낙연 국무총리는 모든 질문에 막힘없이 답변할 뿐 아니라 촌철살인의 언어로 야당 의원들을 당황시켰다. 오히려 그런 억측이나 엉터리 질문을 한 야당 의원들을 침묵시키거나 더 깊이 생각하게 하거나 심지어 반성하도록 만들었다.

이에 국민들은 총리를 '말발갑'이나 '사이다 총리'와 같은 별명으로 부르며 통쾌해했다. 대정부 질문이 열리기 전까지만 해도 '책임 총리라더니 왜 그런 모습이 보이지 않느냐'는 공격을 받던 터였다. 그러나 그런 공격을 잠재우기까지는 오랜 시간이 필요 없었다.

사이다 같은 촌철살인의 언어와 막힘없는 답변도 놀라웠지만 총리 취임 3개월 만에 국정 전반을 손금 보듯 훤히 꿰고 있다는 사실이 더욱 놀라웠다. 하긴 그랬으니까 답변에 막힘이 없었을 테지만 말이다.

이렇게 역대 최고 인기의 총리가 탄생했다. 국민들이 목말라

해온 품격 있는 언어와 정치를 보여준 덕분이다.

"선거를 전략이나 기획으로 보고 있지 않습니다"

이런 이낙연의 언어는 일찍이 당 대변인으로 활동하던 때부터 알아주었다. 그래서 본의 아니게 대변인을 다섯 번이나 하게 되어 '5선 대변인' 이라는 별명까지 얻었다. 2001년 11월 새천년민주당 대변인으로 시작하여 노무현 대통령 당선인 대변인 등 무려 다섯 번의 대변인을 역임한 것이다.

지난 4·15 총선을 하루 앞두고 이낙연은 더불어민주당 상임공동선대위원장으로서 "안정적인 의석을 바탕으로 '싸우는 국회' 를 '일하는 국회' 로 바꾸어 하루라도 빨리 문제를 해결하겠다" 며 지지를 호소하는 한편, "저급한 삼류 정치를 품격 있는 일류 정치로 바꾸겠다" 고 약속했다.

또 "코로나19 방역과 진단에서 일류 국가가 된 것처럼 정치와 경제 회복에서도 일류 국가가 될 수 있다" 고 확신하면서 "정치에서도 세계의 주목을 받는 나라, 품위와 실력의 정치를 하겠다" 며 지지를 호소했다.

2020년 3월 26일, 이낙연은 종로구 선거관리위원회에서 후보자 등록을 마쳤다. 그 자리에서 기자들이 물었다.

"어떤 선거 전략과 기획을 가지고 있습니까?"

이낙연은 한마디로 전략이나 기획 같은 건 없다고 대답했다.

"저는 예전부터 선거를 전략이나 기획으로 보고 있지 않습니다. 선거야말로 유권자와 후보자의 진심어린 대화여야 합니다."

바로 이 한마디의 대답만으로도 우리는 이낙연의 언어와 정치가 획득하고 있는 품격의 경지를 가늠할 수 있다.

균형의 정치:
늘 어려운 진실

야당의 박수를 받은 여당 대표의 연설

_____ 정치의 본령은 약자의 편에 서서 약자를 위해 일하는 것이다. 약자는 강자의 지배력 아래 있으며, 강자는 정치에 막강한 영향력을 행사하고 정치를 주도적으로 이용하는 것이 정치의 현실이기 때문이다. 현실이 그럴수록 정치는 약자의 목소리에 귀 기울이고 그들을 대변할 수 있어야 한다. 그래야 사회가 강자와 약자 사이에서 균형을 잡고 나아갈 수 있다.

해방 이후 헌정사에서 우리 정치가 가장 부족했던 부분이 대화와 타협을 통한 균형과 상생의 정신이었다. 어느 사회나 다양한 갈등이 존재하게 마련인데, 그것이 극단의 대결로 흐르지 않고 대화를 통해 적정선에서 타협을 보고 힘을 하나로 모으도록 하는 것이 정치의 역할이다. 그래야 사회가 균형을 이룬 가운데 성숙하고 발전할 수 있다.

지난 4·15 총선을 통해 21대 국회가 출범했다. 여당이 180석에 가까운 의석을 얻어 국정 운영의 강력한 동력을 확보했다. 그러나 순탄치 못했다. 개혁 입법을 무산시키느라 사사건건 발목을 잡는 보수 야당의 행태는 여전했고, 여당은 절대다수 의석을 무기로 개혁에 필요한 법안들을 속속 통과시켰다. 이에 보수 야당은 '의회 독재'라며 극한 대치로 치달았다. 대화와 타협의 정치는 갈수록 요원해 보였다.

그러던 2020년 9월 7일, 국회 본회의에서 더불어민주당 이낙연 대표의 교섭단체 대표연설이 있었다. 연설 도중에도, 연설이 끝난 후에도 전에 없던 풍경이 펼쳐졌다. 야당 의석에서 야유와 조롱 대신 박수가 터져 나온 것이다. 협치를 말하는 대목에서 야당 의원들은 자신도 모르게 박수를 보내고 있었다.

이낙연 대표의 이날 연설은, 불과 얼마 전까지만 해도 거의 돌아올 수 없는 다리를 건넌 것으로 보이던 여야 관계에 새로운 바람을 일으켰다. 이낙연은 남아프리카 반투족의 '우분투' 정신을 언급하며 코로나19 사태 극복을 위한 연대와 협력을 호소했다. 무엇보다 연설의 다음 대목이 야당 위원들의 마음을 움직였다.

전례 없는 국난에도 정치가 변하지 않는다면, 무슨 희망이 있겠습니까? 이제 달라집시다. 국난을 헤쳐나가는 동안에라도 정쟁을 중단하고 통합의 정치를 실천합시다. 국민과 여야에 함께 이익되는 윈-윈-윈의 정치를 시작합시다. 저부터 노력하겠습니다.

사실상 중단된 여야정 정례 대화를 다시 시작할 것을 제안합니다. 코로나 위기 극복과 대한민국의 지향에 대한 최소한의 정치적 합의를 이룹시다. 예컨대, 산업화와 민주화를 위한 서로의 기여를 인정하고 미래를 함께 준비하는 '21세기 새로운 전진을 향한 대합의' 입니다. 대합의는 코로나 극복 공동노력, 포용적 복지, 디지털 전환, 기후위기 극복, 한반도 평화, 민주주의 완성 등을 담을 수 있을 것입니다.

여야의 비슷한 정책을 이번 회기 안에 공동 입법할 것을 제안합니다. 감염병 전문병원 확충, 벤처기업 지원, 여성 안전 같은 4·15 총선 공통공약이 그에 속합니다. 경제민주화 실현, 청년의 정치참여 확대, 재생에너지 확대 등 공통되는 정강 정책도 함께 입법합시다. 정치에서 경쟁은 피할 수 없습니다. 그러나 경쟁도 정치싸움을 넘어 정책 경쟁과 협치로 발전시킬 수 있습니다. 정책 협치를 통해 정무 협치로 확대해 갈 수 있습니다. 그렇게 할 것을 여야에 호소합니다.

저는 '원칙 있는 협치' 를 약속드린 바 있습니다. 저는 누구도 '반대를 위한 반대'는 하지 않을 것이라고 믿고 싶습니다. 그래도 만약 '반대를 위한 반대'가 있다면, 단호히 거부할 것입니다. 그렇지 않는 한, 대화로 풀지 못할 문제는 없다고 저는 믿습니다.

38분에 걸친 여당 대표의 연설이 끝나자 야당에서도 이례적으로 호평이 이어졌다. 국민의힘 대변인은 환영과 감사를 표했다.

"이 대표가 '우분투'를 말했다. 야당이 있어야 여당이 있고, 국회가 있어야 정부가 바로 선다는 취지로 이해한다. 대환영이며 진심으로 감사한다."

국민의당 대변인은 "상식적이고 합리적인 사고를 가진 리더다운 모습을 보였다. 야당과의 협치를 통해 국민 대통합의 밑거름을 탄탄히 쌓아가길 희망한다"고 논평했다.

이런 분위기에 고무된 국회 관계자는 "교섭단체 대표연설을 놓고 여야 분위기가 이렇게 달라진 것은 예상 밖으로, 사실상 여야 협치의 물꼬가 트였다"고 기대했다.

얼마 전 끝난 임시국회 때만 해도 양극단으로 치달은 여야 관계를 생각하면 예상치 못한 진전이다. 지난 임시국회에서 각종 입법을 놓고 충돌한 여야 관계는 돌이킬 수 없을 정도로 벌어져 있었다. 그랬던 분위기를 이나마 바꿔놓은 건 이낙연

특유의 연륜이 쌓인 품격의 언어와 정치적 균형 감각이라는 평이 돌았다.

"진실을 알기는 매우 어려운 것"

이런 이낙연도 일찍이 '진실을 알기란 참으로 어렵다' 고 토로했다. 그래서인지 그는 어떤 사안에 대해 충분히 알아보고 검토하기 전에는 진실을 함부로 단정하지 않는다.

그는 기고문 〈나와 동아일보〉에서 기자로 일하면서 배운 네 가지 가운데 "진실을 알기는 몹시 어렵다는 것"을 첫째로 꼽았다. 그는 특종을 내기도 했지만 오보를 내는 일도 적지 않았다. 그래서 그는 특종보다는 오보에서 더 깊은 교훈을 받고 진실을 신중하게 대하는 것이 몸에 배였다.

총리 시절, 일본의 반도체 소재 수출 규제와 관련하여 한일 양국의 갈등이 갈수록 깊어지는 가운데 정치권에서 "이 총리가 갈등 해결에 직접 나서야 한다"는 주문이 나오고 여론도 그런 쪽으로 흘러갔다. 이 총리 자신도 국회에서 "공개하기 어렵지만 외교적 노력이 여러 가지 방면에서 진행되고 있다"면서 대일특사 파견 가능성을 부인하지 않았다.

이런 가운데 총리는 자신과 아베 신조 일본 총리가 술자리에서 만나 서로 신의를 쌓고 한국인 차별 문제를 해결한 일화를 들려줬다.

오래전 그분이 장관을 하고 잠깐 쉬는 사이에 주말에 서울에 왔어요. 비가 내렸는데요. 서울 삼청각에 자리를 잡아 함께 소주를 마셨어요. 그분이 주한 일본대사관에 "한국의 차세대 주자들과 자리를 마련해보라"고 주문했나 봐요. 원희룡 현 제주지사, 남경필 전 경기지사, 정병국 현 바른미래당 의원, 그리고 제가 초청됐지요.

그 자리에서 제가 아베 총리에게 한 가지 부탁을 했어요. 그때 일본이 한센병 피해자 보상에 차등을 뒀어요. 제가 "내외국인을 차별하는 것도 이상하지만 대만인과 조선인을 차별하는 것도 이해하기 힘들다"고 했어요. 그러자 아베 총리가 "몰랐다. 알아보고 시정하겠다"고 했어요.

저는 시정되는 게 목적이니 언론에 이야기하지 않겠다고 했지요. 아베 총리는 1년 뒤 시정 법률안을 대표 발의해 결국 시정했어요. 후에 관방장관이 된 그를 다시 만났을 때 제가 "약속을 지켜줘서 고맙다. 나도 약속을 지켰다"고 말했습니다.

2003년, 한국인 한센인 124명은 일제강점기 한센인 인권 침해에 대해 일본 정부를 상대로 소송을 냈다. 일본 법원은 한국인 한센인에 대해선 배상 의무가 없다고 판결했다. 이후 일본 국내법 개정을 통해 한국인 한센인 500여 명은 일본 정부로부터 1인당 최대 1억5,000만 원의 보상금을 받았다. 이 과정에 이 총리와 아베 총리 간 나눈 밀담의 영향이 작용했다는 것이다.

이런 일화로 보면, 한일 양국의 관계 개선은 관건이 무엇보다 신뢰 회복이다. 일본은 잘못한 과거를 부인하기만 할 게 아니라 인정할 것은 인정하고 진심으로 사죄할 때만이 신뢰를 얻을 것이다. 한국은 무책임하고 오만한 일본의 언행에 대해 감정적으로만 대응할 게 아니라 길고 넓은 안목으로 냉철하게 따져보고, 과연 일본이 왜 그렇게 나오는지 면밀히 분석할 필요가 있다.

무슨 일이든 복잡하게 꼬인 일일수록 밖으로 드러난 사실이나 이유 말고도 드러낼 수 없는 경우가 많다. 드러나 있는 일은 대의나 명분에 관한 것이다. 반면에 드러낼 수 없는 것의 이면에는 첨예한 이해관계가 걸려 있다. 그런 일은 대의나 명분도 없는, 즉 온당치 못한 문제이므로 감히 드러낼 수 없지만 그렇다고 당사자들로서는 쉽게 포기할 수 있는 것도 아니다. 정치 생명이 걸린 문제이기도 해서, 대의를 저버리고 비난을 감수하면서까지 지켜야 하는 일이다. 그래서 밖으로 드러난 것만 진실이라고 단정하기 어렵다는 것이다. 설령 진실을 알았다 하더라도 그것을 지켜 진실대로 행하기는 더욱 어려운 일이기도 하다.

특히 불행한 과거사로 얽힌 한·일문제와 한반도 주변 강대국들의 이해관계가 복잡하게 얽힌 남북문제가 더욱 그렇다. 문제를 푸는 실마리는 수면 아래 감추어져 있지, 수면 위로는 서로 아는 패만 형식적으로 전시되어 있다. 그래서 진실은 알기 어려운 것이다.

감성의 정치:
그 무엇보다 사람이 먼저

세상 어디에도 없는 면접

_____ 앞에서 이낙연의 '쓸모의 정치'를 말했지만, 그 쓸모가 정치인 자신의 쓸모가 아니라 국민의 쓸모가 되어야 한다는 뜻임을 분명히 했다. 그러려면 정치를 하는 정치인이 국민을 사랑해야 가능한 일이다. 그 사랑은 정치의 이성이 아니라 감성이다. 국민을 계산된 이성이 아니라 가슴으로 만나야 계산 없이 사랑할 수 있다는 얘기다. 그러므로 이낙연의 쓸모의 정치는 감성의 정치와 그 맥이 닿아 있다.

이낙연의 그런 면모는 의원 비서관으로 4년, 총리실 공무원으로 2년 반을 함께 일한 양재원이 이낙연에 관해 쓴 책에서 "감동을 파는 장사꾼"이라는 표현으로 증언한다. 그는 그동안

수없이 면접을 봤지만 엉뚱하다 할 만큼 독특한 이낙연 의원실 면접 경험을 털어놓았다. 2010년 6월 10일, 5급 비서관 1명을 뽑는데 최종 면접자는 3명이었다. 양재원은 6급 비서관 1년 경력이 다였고, 그나마 다른 당에서 일한 경력이었다. 그런데 면접에서 이낙연 의원이 던진 질문에 적잖이 당황해서, 아니 질문이 황당해서 10년이 지나서도 뇌리에 선명하게 박혀 있다고 했다.

"헤어진 연인이 가장 생각나는 때는 언제인가?"

양재원은 수많은 면접을 경험했지만 이런 질문을 받아본 것은 그때가 처음이었다.

그때는 민주당 의석수가 절반으로 줄어든 상태여서 보좌진 취업난이 극심할 때, 다시 말해 경쟁률이 가장 높은 때인 데다가 자기 경력이 보잘 것 없어서 양재원은 서류를 넣어놓고도 거의 기대를 하지 않았다.

그런데 뜻밖에도 서류 전형에 합격했으니 면접을 보러 오라는 연락을 받았다. 그래서 면접장에 와서 보니, 두 명의 경쟁 상대가 커리어에서는 거의 넘사벽이었다. 한 명은 서울대 출신의 현직 기자, 다른 한 명은 대기업 홍보팀 직원이었다.

그전에 양재원은 이력서를 쓰는데 내놓고 자랑할 만한 커리어가 하나도 없어서 인생의 자잘한 경험들로 빈칸을 메웠다.

야학 교사, 편의점 아르바이트, 신문 배달원, 고시원 총무를 하면서 겪은 일들, 그러면서 깨우친 가르침을 이력서에 쓴 것이다.

세 사람은 면접에 앞서 논술 시험을 봐야 했다. 지금껏 의원실에서 논술시험을 봤다는 얘기는 들어보지 못했다. 주제는 둘인데, 하나는 노인 정책, 다른 하나는 어떤 정치 현안이든 각자 선택하여 자유롭게 적는 것이었다.

논술 시험을 마친 셋은 답안지를 들고 이낙연 의원 앞에 둘러앉았다. 그 순간 예의 "헤어진 연인이 가장 생각나는 때는 언제인가?"라는 질문이 떨어졌다. 결국 아무도 대답하지 못하자 이 의원이 답을 말했다.

"함께 들었던 음악을 들었던 때라네."

이낙연이 왜 이런 질문을 했는지는 아무 설명도 해주지 않아서 여태 아무도 모르지만 양재원은 이렇게 추측한다.

"혹시 사람의 마음을 테스트해본 것은 아닐까요? 한 번쯤은 사랑과 이별의 경험이 있을 것입니다. 사랑은 사람의 감정 중 가장 절실하고 애틋한 것일 테고, 그 감정을 이해하는 것은 사람을 아는 것이라고 생각합니다."

간명하게 정리하면, 이낙연은 지원자들의 감성이 얼마나 발달했는지 보고 싶지 않았을까. 사람을 보는 데 그만큼 감성을 중시한 것은 아닐까.

쟁쟁한 경쟁자들을 물리치고 최종 합격한 양재원에게 이낙연은 알 듯 모를 듯 덕담 같은 조언을 건넸다.

"자네는 경험이 참 많네. 그것은 매우 좋은 일이지만, 그에 기대어 한쪽으로 치우쳐서는 안 되네."

사람 먼저, 감성의 정치

이렇게 이낙연의원실에서 비서관으로 일하게 된 양재원은 이낙연이 얼마나 깊은 감성을 지닌 정치인인지를 보여준 일화를 풀어놓았다.

그는 전에 다른 의원실에서 보건복지위원회 정책을 담당했는데, 마침 이낙연 의원이 속한 상임위가 보건복지위원회여서 자연히 그쪽 일을 담당하게 되었다. 그런데 보건복지는 보건 분야와 복지 분야로 나뉘고, 의원들은 대개 전국적 관심이 쏠리는 보건 분야에 치중하여 활동한다는 것이다. 그러니 보좌진도 복지보다는 보건에 중점을 두고 정책을 개발하거나 이슈를 생산하는 것을 당연하게 생각한다. 그래서 양 비서관도 언론이 크게 다뤄주는 보건 관련 이슈를 중심으로 일했다고 한다. 대형 병원의 부당 청구와 블랙리스트 관리 문제, 식품의 이물질 문제, 의약품 부작용 문제 등….

'정치인들은 언론에 나오기만 한다면 자기 부고 기사라도 개의치 않는다' 는 농담이 생길 정도로 언론 노출에 민감하다. 그래서 양 비서관은 당연히 이 의원도 좋아할 것이라고 여겨 보건 분야를 중점으로 업무를 하려 했다가 된통 야단을 맞았다고 했다.

"나는 복지를 하러 (보건복지위원회에) 왔네."

이낙연은 상임위를 보건복지위원회로 옮긴 이유를 직접 밝혔다.

"농업 문제도 지속적으로 관심을 갖지만 제가 노인과 빈곤 문제에 관심이 많습니다. 노인과 저소득층의 삶에 대한 문제는 농수산업하고도 밀접합니다. 사회 전반적으로 저출산 문제에만 관심이 쏠리고, 독거노인이나 고독사 등 노인 문제에는 관심이 없는 게 문제입니다."

이에 양 비서관은 두 가지를 부끄러워하며 반성하게 되었다고 했다.

첫째는 의원을 보좌하는 사람이 되어 가지고 그 의원이 해당 상임위에 왜 왔는지 기본 사항조차 알아보려 하지 않았다는 것이다. 그래서 2년 후에 상임위를 기획재정위원회로 옮길 때는 먼저 그 이유를 물어보았다고 했다. 그랬더니 역시 사회의 그늘진 곳을 보살피려는 감성에 따른 것이었다.

"사회 사각지대 해소를 위해서는 국가 재정 운용과 예산 편성 단계에서부터 살펴야 하지 않겠나."

둘째는 언론이 좋아할 만한 것들만 찾아서 자극적인 뉴스나 생산하고 있던 자신이 몹시 부끄러웠다고 했다.

이렇게 이낙연과 함께 일하는 사람들은 물론이고 그를 만나는 사람들까지도 그의 깊은 감성에 물들어 새삼 자신을 돌아보게 된다.

이낙연은 총리로 재임하면서도 기회 있을 때마다 "정부는 '사람이 먼저'라는 믿음으로 모든 국정을 운영하고 있다"고 밝혔다.

개천절을 맞아서는 '널리 사람을 이롭게 한다'는 홍익인간弘益人間을, 동학농민혁명 기념일을 맞아서는 '사람이 곧 하늘'이라는 인내천人乃天을 상기시키며, 이 사상들은 민주주의의 근본 철학임을 강조했다. 그리고 무엇보다 '사람이 먼저'라는 정부의 국정 철학과 닿아 있음을 알렸다.

이낙연이 추구하는 '사람 먼저, 감성의 정치'는 그의 공직생활 좌우명에서 비롯한다. "가까이 듣고 멀리 본다"는 '근청원견近聽遠見'이다. 그는 "더 낮게, 더 가깝게 다가가야 한다"며

"더 어려운 분들께 더 가까이 가야 하고, 거기에 더 착목해서 정책을 추진해야 하고, 동시에 놓쳐서는 안 되는 게 더 멀리 보고 준비하는 것"이라고 했다.

4장

선도국가의 길을 이어갈 정치인

중요한 것은 '함께'다.

재난은 유독 약자들에게 가혹하고 가장 약한 곳을

가장 먼저 망가뜨린다.

그 약한 곳이 무너지면 다른 곳들도 차례로 무너져

사회 전체가 무너지는 건 시간문제다.

그래서 이낙연은 시대정신의 맨 앞에 '함께'를 내세운 것이다.

계층과 이념과 이해관계를 넘어선 연대야말로

포스트코로나 시대의 생존에 필요한 시대정신이다.

포스트 코로나를
선도할 시대정신

민주적 시민성, 포스트코로나를 선도할 시대정신

—————————— "한국은 왜 코로나 방역에 성공했는가?"

프랑스가 세계적인 석학이라고 자랑하는 기 소르망. 우리에게는 《어느 낙관론자의 일기》로 낯익은 이름이다. 그는 유럽의 대표적인 우파 지식인으로, 동양에 관해서는 오리엔탈리즘의 한계에 갇힌 어중이다. 때론 악의적이기까지 하다. 그가 위물음에 답했다.

"유교 문화가 선별적 격리 조치의 성공에 기여했다. 한국인들에게 개인은 집단 다음이다."

유교 문화로 순치된 한국인은 고분고분 정부 말을 잘 들어서 방역이 순조로웠고, 주체성이 강한 서방인은 정부 말을 잘 들지 않아서 방역이 어려웠다는 얘기다. 과연 그럴까?

위 질문은 코로나 대유행 이후 세계인들 사이에서 끝없이 논란이 되어온 화두다. 이른바 'K-방역'이 세계적인 해석 투쟁의 중심에 선 것이다.

해석 투쟁의 발단은 중국이었다. 중국은 방역을 하나의 체제 경쟁으로 비약시켰다. 재난 상황에서는 중구난방의 서방 체제민주주의 보다 일사불란한 중국 체제사회주의가 우월하다는 것을 보여주려 했다. 중국 〈인민일보〉 논평이다.

"중국 특색 사회주의가 이코로나 전쟁에서 이길 중요한 제도적 보장이며, 세계적인 방역 전쟁에도 귀중한 노하우다."

중국 당국이 전면적이고 전격적인 봉쇄 조치로 코로나 유행을 잠재운 뒤끝이었다.

그러자 서방 언론은 중국의 주장을 반박하는 사례로 한국을 내세웠다. 그들이 보기에 한국은 개방성과 투명성이라는 민주적인 방식으로 방역에 성공한 국가로, 중국 체제에 맞서 서방체제를 대표하기에 손색이 없었다.

〈워싱턴포스트〉는 "민주주의가 코로나19에 맞설 수 있다는 것을 한국이 보여주었다"는 제목의 논평으로 중국을 거냥했다. 〈뉴욕타임스〉, BBC와 같은 서방의 주요 언론 논조가 거의 다 이러했다. 이때만 해도 코로나가 서방에 대유행하기 전이어서 코로나는 동아시아에 국한된 일이었다.

그런데 문제가 생겼다. 서방에 코로나가 대유행하면서 서방 선진국들이 줄줄이 방역에 실패한 것이다. 급한 김에 자기들이 서방 체제의 대표선수로 내세운 서방 선진국들이 한국만도 못하게 되었다. 망신살이 뻗친 것이다. 이때부터 서방에서는 기 소르망 같은 어중이들이 나서서 한국의 방역 성공 요인을 유교문화니, 통제사회니, 집단주의니 하는 따위로 돌리고 '중국 모델'과 한통속으로 엮으려고 했다.

이런 논란을 정리하기 위해 〈시사IN〉이 KBS, 한국리서치와 공동으로 방대한 조사〈시사IN〉 663호를 벌였다. 그 결과 기 소르망을 비롯한 서방의 가설은 빗나갔다.

"방역 참여에 적극적인 사람은 정부 지침에 잘 따르는 사람이고, 정부 지침에 잘 따르는 사람은 권위에 순응하는 집단주의 성향이 강하다. 한국이 바로 그런 경우다."

이런 가설은 직관적으로는 언뜻 그럴싸해 보이지만 데이터는 전혀 다른 곳을 가리킨다.

권위주의 성향이 강할수록 오히려 방역 참여에 소극적이었으며, 순응적인 성향도 집단주의적 성향도 방역 참여하고는 별 상관관계가 없었다. 그 대신 다른 성향들이 방역 참여와 긴밀하게 연관되어 있었다. 그렇다면 과연 그게 뭘까?

바로 '민주적 시민성'과 '수평적 개인주의'였다. 의심할 여지없이 선명한 결론이었다. 여기서 '민주적 시민성'은 설명이 필요한데, 대략 "개인이 자유롭기를 바라지만, 좋은 공동체 안에서만 진정으로 자유로운 개인이 가능하다고 믿어서 좋은 공동체를 만드는 데 강한 의무감을 느끼는 성향"으로 정리된다. 그러니까 기존의 이분법으로는 설명이 안 되는 개념이다.

결국 한국의 방역 성공 요인은 중국 체제냐 서방 체재냐 하는 이분법에서 벗어나 있다는 것이다. 〈월스트리트 저널〉의 진단대로 "한국이 코로나 대응의 암호를 풀어낸" 것이라면, 이분법을 뛰어넘는 곳에 답이 있다. 코로나 대응 과정에서 한국 국민이 내보인 '민주적 시민성'은 "자유로운 개인인 동시에 공동체에 기여하고자 하는 시민"으로 규정할 수 있다.

서방이 규정해온 민주주의의 산물로서의 시민에서 더 나아간 새로운 시민의 출현이다. 치명률에 비해 가공할 전파력을 지닌 코로나라는 바이러스의 특수성이 '민주적 시민성'을 고양시킨 것이다.

우리는 이렇게 고양된 '민주적 시민성'을 포스트코로나 시대정신으로 삼을 필요가 있다. 어쩌면 이것은 서방의 개인주의에 우리의 공동체 정신을 결합한 것 같은 특성을 지닌다. 위기가 상시화한 시대를 살아야 하는 우리에게 '민주적 시민성'

은 포스트코로나를 선도하는 시대정신이 될 것으로 보인다.

이낙연의 차기 대선 시대정신, "함께, 잘사는, 일류국가"

그렇다면 차기 대선의 유력한 주자인 이낙연은 포스트코로나 시대정신으로 무엇을 들었을까? 앞에서도 했듯이 "함께, 잘사는, 일류국가"를 들었다. 그의 시대정신도 우리 국민이 코로나 대응 과정에서 보인 예의 '민주적 시민성'과 맥이 닿아 있다.

우리 현대사를 이끌어온 힘은 바로 지성과 시대정신이었다. 지성이 개인적·사회적 존재로서의 삶에 무엇이 가치 있는 것인지를 일깨웠다면, 시대정신은 우리가 서 있는 자리와 가야 할 길을 비췄다.

그 은사가 원효, 조식, 한용운, 조지훈, 여운형, 장준하, 함석헌, 김수영, 박경리, 장일순, 리영희였다. 또 김대중, 노무현으로 이어졌다.

시대정신이 한 사회가 지향해야 할 가치의 집약이라면, 김대중의 시대정신은 '평화'와 '민주주의'였고, 노무현의 시대정신은 '깨어 있는 시민'과 '사람 사는 세상'이었다. 국민과 함께 독재시대에 온몸으로 저항해온 김대중으로서는 '민주주의'가

시대정신일 수밖에 없었고, 시민이 깨어 있지 않으면 민주주의는 형식에 그칠 뿐이라는 점에서 노무현의 '깨어 있는 시민'은 시대정신으로 시의 적절했다.

포스트코로나에 필요한 또 하나의 시대정신은 '사회적 가치 실현'이라 할 수 있다. 세계적 재난인 코로나 유행 가운데서 개원한 21대 국회는 그에 부응하여 1호 법안으로 '공공기관의 사회적 가치 실현에 관한 기본법안'을 발의했다. 이는 문재인 대통령이 19대 국회의원이던 당시 세월호 참사 이후 발의한 법안으로, 20대 국회에 이어 다시 발의한 것이다.

코로나 사태로 인해 사회의 양극화와 불균형 해소가 더욱 더 절실해짐에 따라 효율이나 성장과 같은 경제적 가치뿐만 아니라 생명과 안전, 환경, 사회적 약자 배려와 같은 가치들을 공공기관부터 실현하자는 배경에서 발의된 것이다.

이낙연 의원은 코로나19국난극복위원장답게 제1호 법안으로 국가적인 재난 시 중소기업과 소상공인에게 금융지원을 쉽게 하는 '재난 및 안전관리 기본법 일부 개정 법률안'을 발의했다. 이 역시 그의 현장 중심 정치의 산물이다.

그는 총선 직전 현장에서 중소기업인과 소상공인의 애로사항을 직접 듣고 메모했다가 비공개로 서울보증재단을 방문해 직원들과 대출 심사와 관련하여 의견을 나누는 가운데 문제점을 포착하고 실무 개선 방안을 다각도로 숙의했다.

그리하여 개정안에는 소상공인과 중소기업의 재난 피해에 대해 국가의 금융지원이 가능하도록 하는 내용이 담겼다. 또 소상공인과 중소기업에 초저금리 대출이 신속하게 지원되도록 했다. 기존에는 지역신용보증재단 등의 보증심사를 거쳐야 하는데, 해당 기관과 담당자가 사후 문책을 우려해 심사에 지나치게 신중하다는 지적이 제기됐다. 이에 소상공인과 중소기업에 대한 재난 금융지원을 하는 공무원과 금융기관 등 임직원의 적극 행정을 면책하도록 했다. 이를 통해 금융지원의 병목 현상을 해소하고자 한 것이다.

이런 모든 조치가 결국은 이낙연이 차기 대선 시대정신으로 말한 "함께, 잘사는, 일류국가"를 위한 것이다. 여야를 막론하고 포스트코로나의 리더를 꿈꾸는 정치인들은 너나없이 차기 대선, 즉 포스트코로나의 시대정신으로 '먹고 사는 문제'를 꼽는다. 국민들의 일반 정서도 그와 다르지 않다. 그러나 중요한 것은 '함께' 다.

재난은 유독 약자들에게 가혹하고 가장 약한 곳을 가장 먼저 망가뜨린다. 그 약한 곳이 무너지면 다른 곳들도 차례로 무너져 사회 전체가 무너지는 건 시간문제다. 그래서 이낙연은 시대정신의 맨 앞에 '함께'를 내세운 것이다.

계층과 이념과 이해관계를 넘어선 연대야말로 포스트코로나 시대의 생존에 필요한 시대정신이다.

국가는 무엇으로
존재하는가

국가 역시 끊임없이 변하는 생물체

─────────────── "국가는 영토 내의 국민에 대하여 합법적으로 물리적 강제력을 행사할 수 있는 정치체계다."

현대국가의 핵심 성격과 특성을 짚은 독일의 사회학자 막스 베버의 규정이다. 다시 말해, 국가는 물리적 강제력을 행사할 수 있는 정당성, 즉 공권력을 부여받아 합법적으로 사회를 통치하는 존재로서 발전해왔다.

역사적으로 국가는 절대국가에서 자유민주주의 국가로 발전하면서 국가권력의 기반은 왕권이 아닌 주권을 가진 국민에게서 나오게 되었다. 다시 말해, 민주주의 국가는 국민을 대신하여 다양한 합법적 제재 수단물리적 강제력을 가지고 인간 개개인의 권리와 자율적 삶을 보호해주고 개인이나 사회 차원에서 스스로 해결할 수 없는 문제들을 해결함으로써 사회 전체의 공익을 증진시키는 제도들의 총체라고 할 수 있다.

근대국가로의 발전 과정에서 국가와 연관된 '시민사회' 가 출현하는데, 이는 국가 권력이 지배하는 대상으로서, 자율성과 권리를 가진 개인들이 자발적으로 자신들의 삶을 결정하면서 살아가는 집단을 의미한다. 이러한 자율적인 시민, 사회 개념은 서구에서 인간의 자율적 존재를 인정하지 않았던 신 중심의 어두운 중세 봉건시대를 지나, 르네상스 시대를 거치면서 탄생한 자유주의 사상에 기반을 두고 있다. 자유주의 사상은 인간을 이기적인 존재로서 주체성을 가지고 기본적 권리들참정권, 사유재산권, 자주권 등을 가진 개인들로 구성된 사회를 의미했다.

현대 국가의 개념은 일정 지역의 인간이 그들의 공동체적 필요를 위하여 창설한 것으로, 그 구성원들을 위하여 일체성과 계속성을 가지고 요청을 수행하며, 내외의 적으로부터 공동체를 지키고 유지하려는 목적을 가진다. 이는 하나의 정치 단위로, 대개 국민국가를 의미하는데, 국가는 여러 정치 체제로 변하면서 존재해왔으며, 앞으로도 계속 변할 것이므로 국가는 아직 완성된 개념이 아니다.

국가권력과 국민의 권리는 조화와 균형의 관계를 유지해야

국가는 법과 규칙을 제정하여 국민의 생명과 재산을 지키는 것을 가장 중요한 과제로 삼는다. 법 제정의 독점권은 국가 주권의 요체다. 국민은 국가에 경찰, 군대 같은 무력 사용을 용인하는 대가로 국가가 유지하는 질서 속에서 자신의 경제활동과 재산을 보호받고, 생명과 안전을 보장받는다. 이때 질서 유지는 영토와 국민의 안위 그리고 헌법을 지키기 위해 반드시 필요한 사회적 가치에 해당한다. 질서가 무너져 무법천지가 되는 순간 가족의 생명과 재산, 안전이 위협받기 때문이다.

이러한 국가와 국민 간에 이루어지는 보이지 않는 계약의 이론 토대를 제공한 사회계약설은 개인이 자연 상태에서는 자신의 자유와 평등을 보장받기 어려우므로 국가 권력의 원천을 국민의 동의에 두고, 국민의 계약에 의해 국가 권력이 구성된다는 입장이다. 이는 시민 혁명의 사상적 토대이자 법치주의의 근원이 되었다.

서양의 17~18세기 홉스에서 시작되어 로크, 루소로 이어지며 발전해온 사회계약설은 천부 인권 사상에 기초하여 개인의 권리 보장과 국민의 동의에 바탕을 둔 국가를 강조했다. 또 시민은 자유와 권리를 누리지만, 불가피한 경우에는 법에 따라 자유를 제한받을 수 있다. 즉, 국가권력은 시민의 권리를 보호하는 수단으로 작용해야 하고, 시민의 권리는 공익을 해치지 않는 범위 내에서 행사되어야 한다. 이는 결국 국가권력과 국민의 권리는 조화와 균형의 관계를 유지해야 한다는 것을 의미한다.

"천성적으로 자유를 사랑하는 인간이 권력자 또는 국가에 권리를 양도하는 것은 자연 상태의 '만인 대 만인의 투쟁'에서 벗어나 개인의 안전과 평화를 보장받기 위해서다. 권력자가 이런 사회계약의 의무를 지키지 못한다면 그에게 복종할 이유가 없다."

사회계약설의 선구자 홉스가 《리바이어던》에서 설파한 국가의 존재 이유이자 의미다. 수많은 사람을 조합해 만든 거인이 머리에 왕관을 쓰고 오른손에는 검을 잡은 채 산 너머에 있는 도시를 내려다보고 있다. 이 거인의 이름이 '리바이어던'이다. 그는 인간의 집합이면서 인간의 힘을 뛰어넘는 권력을 가졌다. 저마다 본성에 따라 살아가는 자연 상태에 있던 인간이 개인의 권리를 위임하는 사회계약을 통해 탄생시킨 국가를 상징한다.

리바이어던은 구약성서 〈욥기〉에 나오는 괴물로, 성서에서는 혼돈을 상징하지만 홉스는 통치와 질서를 주재하는 힘을 가진 존재로 그렸다. 절대권력을 리바이어던으로 대체함으로써 국가와 국민 사이에 보호와 복종이라는 새로운 관계를 설정한 것이다. 절대권력을 내세웠다는 이유로 홉스를 전체주의자라고 보는 시각도 있지만 그가 주장한 절대권력은 맹목적인 추종을 강요하는 무소불위의 권력이 아니라 사회계약에 의해 승인된 권력을 뜻하므로 그런 시각은 옳지 않다. 사회계약의 효력이 영속적인 것이 아니라, 상호 권리와 의무의 이행을 전제로 한다는 점에서 홉스의 주장은 근대 시민혁명의 이론적 틀이 되었다.

"국가의 목적은 정의를 세우는 것"

정치적 의무를 자연적 의무의 관점에서 정당화하는 이들의 주장은 우리가 살고 있는 국가가 정의롭다는 가정 하에서만 정치적 의무가 정당화된다. 그러나 만일 국가의 제도나 법에 심각한 문제가 있다면 국민은 제한된 범위에서 정치적 의무를 거부하여 제도와 법을 개선해나가야 한다는 주장이 제기되는데, 대표적인 것이 시민불복종이다.

소로는 "법에 대한 존경심보다 정의에 대한 존경심을 길러

야 한다"는 논리로 국가의 부당한 명령에 대한 시민불복종의 정당성을 주장했다.

시민불복종의 의미는 두 가지 관점으로 규정된다. 하나는 사회개혁의 총체적 이념이라는 관점이고, 다른 하나는 그것이 다른 방법이 없을 경우에 채택하는 단순한 전술이라는 관점이다. 실용적인 관점에서 본다면, 시민불복종의 효과는 도덕성에 대한 대국민적 호소를 통해 궁극적으로 성취하려는 저항을 견지하는 것에 달려 있다.

그래서 유시민의 주장처럼 국가의 목적은 정의를 세우는 것이다. 같은 일을 했는데도 급여와 근로조건에서 현저히 차이가 나는 것은 '같은 것을 같게, 다른 것을 다르게' 다루어야 한다는 정의의 원칙을 침해한다. 형식은 자유로운 근로계약처럼 보이지만, 선량한 시민인 비정규직 노동자들이 자신의 생존을 경제적 강자의 자비심에 맡겨야 하는 상황에서 맺은 근로계약은 진정 자유로운 계약이라 할 수 없다.

국가를 위해서라면 개인의 희생은 아무렇지도 않게 생각하고 개인의 기본적인 인권도 지켜주지 못하는 국가보다, 조금 더디고 약할지라도 국민들과 소통하고, 국민의 안전과 기본적인 인권을 존중해주는 인간적인 지도자가 이끄는 국가여야 한다. 내가 생각하는 국가가 바른 방향으로 나가기 위해서는 내가 그만큼 정치 사회에 관심을 갖고 적극 노력해야 한다. 나와 같은 신념을 가진 사람들이 국가를 향해 목소리 내는 모습을 TV에서만 지켜볼 것이 아니라 나도 적극 참여하여 작은 힘이라도 보태야 할 것이다.

정부의 할 일,
좋은 국가의 조건

좋은 국가란 '모든 국민이 고루 살기 좋은' 국가

_____ 좋은 국가란 '모든 국민이 고루 살기 좋은' 국가를 말한다. 이런 국가는 이상적인 국가라고 할 수도 있겠지만, 그런 이상을 추구해나갈 때 우리는 그나마 이상에 한 걸음씩 더 가까워지는 국가를 실현할 수 있다.

정치학자 최연혁에 따르면, 좋은 국가의 기본 조건은 정체성이 분명한 국가, 정통성을 확보한 국가, 국민과의 교감을 거친 국가, 책임정치가 가능한 국가, 통합의 정치를 펼치는 국가, 균형 잡힌 분배가 이뤄지는 국가다.

정체성이 분명한 국가를 좋은 국가의 조건으로 든 것은, 정체성 확보는 국가 건설의 첫 번째 단계에서 해결해야 할 문제이기 때문이다. 국가 정체성은 계층, 피부색, 종교가 다르더라도 한 국가의 국민으로서 서로의 동질성을 각인시켜주는 끈이다.

정통성을 확보한 국가는 국민이 행복하다고 느끼는 국가다. 그 누구도 정통성에 시비를 걸지 않기 때문이다. 영국의 정치학자 데이비드 비담은 국가를 "국민의 주권을 극대화 할 수 있는 제도적 장치"로 정의했다. 국민의 주권과 행복을 유린하지 않는 국가가 답이다. 국민의 삶이 유린당하고, 소수가 특권을 누리는 사회에서는 정치의 정통성이 상실된다. 국민의 삶을 돌보지 못하는 정치인은 정통성이 결여된 것으로 보고 국민이 언제든지 그를 끌어내리는 권리를 행사할 수 있어야 진정한 민주주의 국가라고 할 수 있다.

국민과의 교감을 거친 국가란 국민의 동의를 얻고 설득하는 과정을 거친 국가라는 뜻이다. 선거를 통해 국가 발전의 청사진을 제시하고, 그중 국민의 지지를 가장 많이 받은 대안을 바탕으로 정권을 구성하는 절차적 민주주의에 충실한 국가라는 뜻이기도 하다.

책임정치가 가능한 국가란, 국민의 자발적 참여를 이끌어내는 국가를 말한다.

통합의 정치를 펼치는 국가는 민심의 화합, 소통, 관용을 중시한다. 리더는 자기한테 반대하던 사람까지도 포용해 국가의 아픈 상처를 아물게 하는 명의가 되어야 한다.

균형 잡힌 분배가 이뤄지는 국가란, 사회적 격차를 줄이는 균형 잡힌 분배로 통합의 정치를 완성시키는 국가를 말한다.

그렇다면 미래의 좋은 국가는 어떤 모습이어야 할까?

첫째는 안전국가, 둘째는 부강국가, 셋째는 민주국가, 넷째는 복지국가다.

국민의 삶의 질을 평준화하는 것뿐만 아니라 책임을 함께 나누는 것도 강조되어야 한다. 가장 좋은 복지는 질 높은 사회간접자본, 좋은 일자리, 좋은 공교육 그리고 책임의 고른 분담을 전제로 한다.

다섯째는 선도국가다. 평화, 공존 배려, 화합, 나눔, 관용을 앞세우는 국가, 세계가 배우고 싶어하는 역할 모델 국가가 되어야 한다.

세계은행이 제시한 좋은 정부

세계은행은 좋은 정부의 역할에 대해 몇 가지 지표를 제시한다.

첫째, 정부의 효율성이다. 정부의 능력을 보여주는 지표는 성장과 분배의 균형이다.

둘째, 국민의 목소리에 귀를 기울이고 국민이 목말라하는 부분을 책임감 있게 수행하는 능력이다. 정부는 사회의 다양한 불만족을 해소하기 위한 정책과 대안을 내놓아야 한다.

셋째, 사회의 다양한 이해관계가 얽혀 발생하는 갈등을 해결해 국정의 안정을 확보해야 한다. 폭력적 전복의 위험이 없는 사회를 만들기 위해서는 불만세력을 설득하는 능력, 정책으로 문제를 해결하려는 자세와 열정을 갖춰야 한다.

넷째, 사법의 질을 들 수 있다. 사법 절차가 공정하지 않으면 가진 자가 더 이익을 보는 사회가 된다. 사법 절차가 아예 존재하지 않거나 권력을 가진 자가 사법을 통제할 때 국민의 생존은 위협받는다.

다섯째, 법치국가의 작동 여부다. 무법천지에서는 힘이 센 사람이 그렇지 못한 사람들을 착취하거나 뇌물을 받고 보호하는 모습을 쉽게 볼 수 있다. 법이 있더라도 법을 집행하거나 판단하는 사람들이 부패하면 힘없는 국민은 법의 보호를 받을 수 없다.

마지막으로, 부패의 통제를 들 수 있다. 부패가 만연한 사회에서는 먹이사슬 구조가 형성돼 정직한 사람이 항상 패배하는 구조가 된다. 사람들이 경쟁에서 지면 뇌물을 주지 않거나 적게 줘서 그렇게 됐다고 믿는 사회에서는 서로를 신뢰할 수 없다.

우리는 좋은 국가를 만들 수 있을 까? 즉 경제도 성장도 복지 수준도 모두 높아 누구나 행복한 나라, 범죄율이 낮고 테러의 위협이 적어 마음 편히 살 수 있는 나라, 차별이 없는 나라, 국민과 정치인과 기업이 신뢰할 수 있는 나라, 이런 나라를 만드는 것은 과연 가능할까?

스웨덴이 국가에 대한 신뢰가 높고 국민 상호 간에 갈등과 분열이 낮은 이유는 산업혁명을 바탕으로 가난한 나라에서 경제적으로 발전한 나라로 나아가면서도 양극화 같은 극단의 대립이 없었기 때문이다. 이는 정부가 사회보장, 의료보장, 가정복지 등에 힘을 써 국민의 삶의 질이 편향되지 않고 부가 골고루 향유되도록 국가를 운영한 덕분이다.

이와 반대로 국민간 신뢰의 뿌리가 흔들리기 시작하면 이기주의가 만연하면서 자기와 자기 가족 중심의 사고를 하고, 자기보다 못한 사람은 무시하고 더 높은 위치에 있는 사람에게는 굴복하는 관계가 형성된다. 이는 사회적 계층화, 양극화, 불신의 고착화로 이어져 사회적 응집력이 급속도로 와해된다. 상호 존중 회복은 국가의 기강을 올바르게 하고 긍정적 발전을 이끌어내는 데 필수 요소다. 국민의 상호 신뢰를 회복시키는 가장 효과적인 방법은 정치와 행정 행위에서 국민 개개인의 삶의 질에 꼼꼼히 신경 쓰는 모습을 자연스럽게 보이는 것이다.

국가의 성패를 가르는 결정적 요인은 지리적, 역사적, 인종적 조건이 아니라 제도다. 또 한 국가의 운명은 경제적 요인에 정치적 선택이 더해질 때 완전히 달라진다. 국가의 빈부를 결정하는 것은 경제제도지만, 그 국가의 경제제도를 결정하는 것은 정치와 정치제도다. 정치 및 경제제도의 상호작용이 국가의 빈부를 결정한다.

그러나 뭐니 뭐니 해도 좋은 국가를 만드는 제일 요소는 '더 많은 민주주의'다. 좋은 국가는 정치에 참여하는 좋은 시민들이 만든다. 시장에 권력이 넘어간 상태에서 국가는 구성원들에 대한 보호와 관련하여 아무것도 하지 않으려 한다. 그렇기에 일상에서 더 많은 민주주의를 통해 국가의 정책에 끊임없이 이견을 제기하는 시민들이야말로 효율성에 집착하는 국가에게 구성원들의 보호라는 국가 본연의 임무를 잊지 않게 한다.

국가의 정책을 있는 그대로 굽힘없이 지지하기보다 더 많은 이의 제기를 통해 국가에게 자신의 임무를 다하도록 하는 것이야말로 좋은 국가를 만드는 최선의 길이다.

뒤바뀌는 세계,
선도국가의 길

국가의 체질 개선을 통한 선도국가로의 도약

───────── 앞에서 세계가 어떻게 뒤바뀌고 있는지 알아보았다. 그 뒤바뀌는 불길에 코로나 대유행 사태가 기름을 끼얹은 꼴이 된 것도 누구나 아는 사실이다.

이렇게 뒤바뀌는 세계를 선도할 국가의 길은 뭘까?

우리는 무엇으로 어떻게 선도국가의 길을 걸을 수 있을까?

선도국가란 어떤 국가일까?

선도국가의 길은 국민과 국제사회에 대해 책임을 다하는 국가, 국민의 삶을 안전하게 지켜주는 국가, 국민을 행복하게 하는 국가가 중심이 되어야 한다. 또, 인권과 개성의 존중, 개인의 행복과 가치, 세계시민이 존중하는 사상, 문화, 정신을 가진 국가여야 한다. 북유럽 국가들은 보편적 복지를 통해 평등의 가치를 세계에 각인시켰으며, 사회적 타협과 협의의 정치를 보여주었다.

선도국가가 되려면 자국의 이해관계를 넘어 전 지구적 문제로 관심과 참여를 확장해야 한다. 기후 환경, 전염병, 빈곤과 기아, 물 부족 등 전 지구적 문제 해결에 적극 나서고 책임을 공유하는 국가, 국제 인권과 분쟁 그리고 난민 문제에 대안을 제시하고 도움을 주는 국가, 인류 발전과 행복 증진 활동에 솔선수범을 보이는 국가가 선도국가의 나아갈 길이다.

국내적으로는 국민의 정치 주권, 사회적 평등권을 지켜주는 것이 선도국가로 가는 기반을 다지는 일이다. 그것은 국민의 행복과 직결된다. 국민의 주권은 특권 없는 정치, 청렴하고 공정한 정부와 공직자, 서로의 상대적 가치를 인정하는 상호존중과 상호공존의 정신에서 선도국가의 역량이 꽃을 활짝 피운다. 이런 가치는 자라나는 미래 세대에 대한 교육을 통해 국민정신으로 승화되어야 지속가능하다. 정치인, 교육자, 기업인, 사회활동가, 노조의 본질적인 각성이 없으면 국가의 체질 개선을 통한 선도국가로의 비상은 불가능하다.

'한국판 뉴딜' 비전과 선도국가

문재인 정부는 코로나 사태를 극복하고 경제·사회의 구조적 대전환에 대응하여 선도국가로 도약하기 위해 '한국판 뉴딜' 비전을 제시했다.

구조 변화 과정에서 우려되는 실업과 양극화 문제 해결을 위해 사회안전망을 강화하는 한편, 최악의 경기 침체와 일자리 충격 등에 직면한 상황에서 위기를 극복하고 코로나 이후 글로벌 경제를 선도하기 위해 마련된 국가 발전 전략이 바로 한국판 뉴딜이다.

정부는 이 프로젝트를 융합한 10대 대표 과제를 선정하여 추진하고 있는데, 디지털 분야에서 데이터 댐, 지능형 정부, 스마트 의료 인프라를 구축하고, 그린 분야에서는 그린 리모델링, 그린 에너지, 친환경 미래 모빌리티를 추구하는 것이다. 그리고 디지털과 그린의 융합 분야에서는 그린 스마트 스쿨, 디지털 트윈, 국민안전 SOC 디지털화, 스마트 그린산단을 추구한다.

이를 요약하면, 기술 기반 경제에 문화를 융합하여 콘텐츠의 디지털 전환을 선도하고, 디지털콘텐츠 기술을 선도하며, 디지털콘텐츠로 따뜻한 포용 국가를 선도하는 것이다.

'디지털 뉴딜'은 온라인 소비, 원격근무 등 비대면화가 확산되고 있고 디지털 전환이 가속화되는 구조의 전환이다. '그린 뉴딜'은 기후변화로 인한 위기에 선제적으로 대응하는 것이다. 탄소 의존 경제에서 저탄소, 그린 경제로 전환하고 기간산업인 조선, 철강, 건설 산업에도 새로운 수요를 창출하는 것이다. '안전망 강화'는 튼튼한 고용사회 안전망과 사람 투자로 고용 충격으로부터 취업 취약계층을 보호하고 사각지대를 해소하는 것이다.

이낙연 대표는 연장선상에서 클린에너지 분야에서의 선도국가 도약을 강조했다. 지난 9월 7일 국회 교섭단체 대표 연설에서 에너지 산업과 관련하여 "녹색 전환은 선택의 여지가 없는 과제"라며 구체적인 방향을 제시했다. 그는 "역사상 새로운 선도국가는 새롭고 효율적인 에너지를 선제적으로 상용화한 나라였다"면서 "몽골은 말, 네덜란드는 바람, 영국과 독일은 석탄, 미국은 석유 등으로 패권국에 올랐다"고 설명했다. 그러면서 "이제는 클린에너지 시대"라고 전제하고, "클린에너지 분야에서 우리가 선도국가로 나아가야 한다"고 역설했다.

이어 그는 "코로나 위기와 기후 위기는 저탄소 경제의 중요성을 일깨워 주었으며, 이미 국제사회가 환경규제를 강화하고 있는 상황에서 세계는 온실가스 감축과 녹색산업 발전이 발빠르게 진행되고 있다"고 진단했다. "이 같은 흐름에 호응해야 산업 경쟁력과 일자리를 유지할 수 있다"고 덧붙였다.

그러나 선도국가로 도약하는 길은 쉬운 길이 아니다. 코로나 대응 과정에서 우리는 선도국가로 가는 자신감을 얻었지만 상황은 녹록지 않아서 그 길은 여전히 멀고도 험난하다. 코로나 사태에 더해 미중 경제전쟁까지 벌어지며 미중 경제 의존도가 높은 한국은 새로운 대응책을 강구하지 않을 수 없는 상황이다.

코로나 사태의 발생은 특정 국가가 글로벌 차원으로 구축해 온 공급 체인을 자국의 울타리를 넘어서지 못하게 하고 있다. 미중 경제전쟁은 종전처럼 한국과 일본이 부품·소재를 중국에 수출하고 중국이 완성품을 미국에 수출하는 식의 무역 경로 유지를 갈수록 어렵게 만들고 있어 새롭고 안정된 시장의 존재가 절실히 필요한 시점이다.

더구나 한일 양국은 힘을 합해도 부족할 판에 부품소재 수출을 둘러싸고 사실상 경제전쟁 상태에 있어 우려되는 바가 크다. 이 역시 선도국가로 가는 길에서 해결해야 할 중요한 과제다.

세계를 선도하며 '행복국가'를 만들어가는 것이 시대정신

세계를 선도하는 국가로서 한국의 비전 제시는 지난 2020년 5월 18일, 화상회의 형식으로 열린 WHA세계보건총회에서 행한 문재인 대통령의 기조연설이 특별했다. 한국의 현직 대통령으로는 처음 나선 연설이다.

문 대통령은 연설에서 연대·협력·나눔을 기반으로 하는 '모두를 위한 자유'라는 화두를 제시하며, 코로나 대응에서 이겨내고 있는 한국의 노하우를 전수했다. 이어 대통령은 코로나는 인류 공동의 가치인 '자유의 정신'까지 위협하지만 자유의 정신에 기반을 둔 '연대와 협력'이야말로 코로나와의 전쟁에서 승리할 수 있는 가장 강력한 무기라고 강조했다.

특히 이번 연설에서 부각된 것은 '나눔'이다. 보건 취약 국가에 대한 인도적 지원 확대를 약속하고, 백신 및 치료제 개발 국제사회 협력 등을 제안하면서 자칫 고립주의로 가는 국제사회를 향한 경각심을 불러일으켰다. 더불어 선도국가로서의 위상 제고를 예고하는 발언을 덧붙였다.

"모두를 위한 자유의 가치를 더욱 굳게 공유한다면 우리는 지금의 위기 극복을 앞당기고 포스트코로나 시대의 희망을 더 크게 키울 수 있을 것이라고 믿는다."

여당을 이끄는 이낙연 대표도 이런 취지에 공감하고 "지지하는 이들과 공유하고 싶은 시대정신"을 제시했다.

"우선은 '선도국가'다. 선진국은 발전된 나라를 말하고, 선도국은 세계를 이끌어가는 나라를 말한다. 해외 석학 가운데는 코로나19 사태 대처 과정을 지켜보며 한국이 이제 선도국가가 됐다고 한다.

또 하나는 '행복국가'다. 최저생활을 보장하는 게 복지국가라면 행복국가는 최저생활에 건강과 안정감, 쾌적함, 소속감 등을 더 얹은 나라다. 우리나라가 세계에서 가장 높은 자살률과 노인빈곤율, 교통사고 사망률, 산업재해 사망률을 기록하는 상황에서 행복국가를 만들어가는 건 만만치 않다. 여러 분야에서 해외를 선도하며 '행복국가'를 만들어가는 것이 시대과제라고 생각한다."

기적은 하루아침에
오지 않는다

"기적은 준비하는 사람에게 찾아오는 것"

───────── 기적은 하루아침에 오지 않는다. 이 말의 원래 버전은 '기적은 기적처럼 오지 않는다' 는 것이다. 김대중 전 대통령의 어록으로 알려진 이 말은 많은 사람들이 인용하면서 유명해졌다.

"인간이 할 수 있는 모든 노력을 하고 마지막으로 기도만 남아있을 때 비로소 기적이 기적처럼 오는 것이다. 그 속에는 용기와 기다림, 눈물과 한숨과 절망이 들어 있다. 기적은 준비하는 사람에게, 또 간절하게 바라는 사람에게 찾아오는 것이다."

보통사람의 생각으로는 믿기 어려운 놀라운 일을 '기적' 이라고 한다. 도저히 일어날 수 없다고 생각한 일이 실제로 일어났을 때 우리는 '기적이 일어났다' 고 한다. 그러나 기적은 어느 순간 하늘에서 뚝 떨어지는 것이 아니다. 기적은 하루아침에 오지 않는다는 의미다. 철학하는 농부로 살다 간 전우익이 《혼자만 잘 살면 무슨 재민겨》에서 일찍이 그 깊은 의미를 풀어놓았다.

"우리는 보이는 데만 온 신경을 쏟는다. 그러나 그렇게 해서는 세상이 배겨날 수가 없다. 누군가는 보이지 않는 데 마음을 기울이고 힘을 쏟아야 한다. 보이지 않는 힘이 우리를 살게 한다. '해야 하니' 할 뿐이다. '함' 이 곧 '이룸' 이지 '됨' 이나 '이룸' 이 따로 있지 않다. 그것이 평화든 행복이든 거저 찾아들지 않는다."

'무엇이든 그것이 내 눈에 갑자기 보여서 기적으로 여겨지는 것이지, 거저 되는 일은 아무것도 없다' 는 뜻이다. 그것이 존재하거나 그 일이 일어나기까지는 보이지 않는 숱한 전조와 오랜 인고의 시간이 있었다는 얘기다.

예를 들어, 우리에게 어느 날 통일이 온다면 독일의 통일이 그랬듯이 그것은 가히 기적으로 말해질 것이다. 그러나 통일이 있기까지 겉으로 또 물밑으로 얼마나 많은 노력과 인내와 우여곡절이 있었는지를 안다면 그것을 감히 기적이라고 말하지 못할 것이다.

《해리포터》와 조앤 롤링, 12만 원의 기적

2020년 9월 12일, 이낙연 대표는 민주당 최고위원회의에서 《해리포터》의 작가 롤링의 '기적'을 언급한 특유의 감성 깊은 연설로 주목을 끌었다. 코로나 사태로 인해 먼저 가난한 사람들의 삶이 무너져 가는 상황에서, 다른 사람들 눈에는 하찮아 보이는 도움이라도 당사자에게는 기적을 낳은 힘이 될 수 있다는 취지에서 '롤링의 12만 원'을 언급한 것이다.

그는 "세계적인 베스트셀러 《해리포터》도 스타 작가 롤링도 주 12만 원 사회안전망의 기적으로 탄생했다"며 롤링의 얘기를 이어갔다.

"해리포터 작가 조앤 롤링은 28세에 폭력을 일삼던 남편과 이혼하고 갓 태어난 딸과 함께 동생 집으로 찾아갔지만 여의치 않았습니다. 무일푼이던 그는 친구에게 돈을 빌려 가까스로 비좁은 공공 임대 아파트를 얻어 기거할 수 있었습니다. 영국 정부가 일주일에 70파운드, 우리 돈으로 12만 원씩 주는 생활보조금으로 어려운 생활 시작했습니다. 그나마 생계가 유지되자 롤링은 교사 자격증에 도전하면서 동시에 작가의 꿈을 키워나갔습니다. 마침내 그 12만 원이 기적을 일으켰습니다."

이 대표는 롤링 얘기 끝에 코로나 재난 지원금 추경 예산안 얘기를 붙였다.

"4차 추경 예산안이 오늘 국회 제출됩니다. 정부여당으로서는 최선을 다했지만 삶의 벼랑에 내몰린 분들에게 매우 부족합니다. 그래도 희망을 잃지 말고 힘을 내주길 간청합니다. 추경 예산안을 최대한 빨리 처리해 하루하루가 절박한 분들에게 작은 위안이나마 드리겠습니다. 앞으로 저희는 국민 삶을 더 세심히 살피겠습니다."

"씨앗 속에 사과가 몇 개 들어 있는지는 모릅니다"

그렇다. 이런 노력들이 오래 차곡차곡 쌓여 기적이 오는 것이지, 기적이 하루아침에 올 리는 없다. 우리의 시인은 그런 이치를, 아니 그런 감성을 시로 절묘하게 그려놓는다. 장석주 시인의 〈대추 한 알〉이다.

저게 저절로 붉어질 리 없다.
저 안에 태풍 몇 개
저 안에 천둥 몇 개
저 안에 벼락 몇 개

저 안에 번개 몇 개가 들어서서
붉게 익히는 것일 게다.

저게 저 혼자서 둥글어 질 리는 없다.
저 안에 무서리 내리는 몇 밤
저 안에 땡볕 두어 달
저 안에 초승달 몇 달이 들어서서
둥글게 만드는 것일 게다.

대추야
너는 세상과 통하였구나.

_ 장석주, 〈대추 한 알〉 전문

여름 땡볕에 붉게 익은 대추를 어느 가을날 문득 발견한다면
가을이 준 선물, 즉 기적처럼 느껴지겠지만, 그것이 꽃피고 열
매 맺혀 자라 붉게 익기까지는 저 무수한 자연의 보살핌과 또
자연이 주는 시련과 대추나무 스스로의 지난한 견딤이 있었음
을 눈으로 보지 않는 이상 알 턱이 없으니, 기적으로 여겨질
수밖에. 우리는 살아있는 것 자체가, 듣고 볼 수 있는 것 자체

가 나날이 기적이지만, 모든 기적은 하루아침에 오지 않는다는 것도 사실이다.

이낙연은 총리로 재임하던 2019년 5월 7일, 에콰도르 순방 중에 이런 감성의 기적에 관해 말했다. 현대자동차 에콰도르 현지 생산 기념식 축사 자리였다.

"우리는 사과 속에 씨앗이 몇 개 들어 있는지를 압니다. 그러나 그 씨앗 속에 사과가 몇 개 들어 있는지는 모릅니다. 우리는 1976년 에콰도르가 수입했던 현대자동차가 6대였다는 것을 압니다. 그러나 그 6대가 얼마나 커질지를 그 당시에는 몰랐습니다. 그것이 커져서 이제까지 에콰도르에서 생산된 현대차와 기아차만도 23만 4천 대에 이릅니다. 그런 바탕 위에서 이번에 엘후리 그룹은 '그랜드 아이텐'을 연간 4천 대 생산으로 출발하려 하고 있습니다. 이것 또한 앞으로 얼마나 커질지 오늘 우리는 알지 못합니다."

이 축사에서 이 총리는 "에콰도르는 경제적으로도 한국에 은인의 나라"라고도 했다.

"현대자동차가 처음으로 해외에 수출했을 때가 1976년이었습니다. 처음 수출한 차의 이름은 '포니'였으며, 그 차를 처음으로 수입해준 나라가 에콰도르였습니다. 그때 에콰도르가 수입한 '포니'는 모두 6대였고, 그 6대 중 1대를 사주신 분이 손넨올스네르 부통령의 어머니셨습니다. 손넨올스네르 부통령의 어머니를 비롯한 에콰도르의 6명이 오늘날 현대자동차라는 세계적 기업을 만들어냈습니다. 이것이 바로 어려울 때 돕는 진정한 친구입니다."

출신과 계파를 무색하게 하는 통합의 정치인

——————— 조선 중기 이후의 정치는 지나친 파벌 싸움이 문제였지만 해방 이후 대한민국 정치는 지역감정이 늘 문제가 되었다. 그런데 이낙연 같은 정치인이 있어 참 다행이다, 여기는 까닭은 무엇보다 그가 출신지역 색깔이나 정치 계파 색깔에서 자유로운 행보를 보여온 것이다.

그는 호남 태생이지만 '호남 사람'이라는 이미지가 없고, 김대중 총재의 발탁으로 정계에 입문했지만 '동교동계'라는 정치 색깔도 짙지 않았으며, 노무현 대통령의 구애에 이어 문재인 대통령에게 중용되었지만 '친노'나 '친문'이라는 프레임에서도 비껴나 있다.

이는 그가 정치적 친소관계가 아니라 순전히 능력과 신뢰에 의해 발탁되고 중용되었음을 의미한다. 동시에 그가 정치적 이해관계에 따라 운신하지 않고 비록 가시밭길을 걷더라도 정치의 정도를 지켜왔음을 의미한다. 게다가 화려한 정치적 상징이나 매끈한 구호에 의지한 정치가 아니라 국민의 삶을 실제로 바꾸는 투박한 정치적 실질과 꼼꼼한 정책의 실행에 의지한 정치를 해왔음을 의미한다.

이런 남다른 정치적 자산을 바탕으로 그는 선출직 공직 진출에서 전승을 거두었다. 당 대표 선거까지 치면 7전 7승이다. 2000년 16대 총선을 시작으로 2012년 19대 총선까지 내리 4선을 이루었고, 2014년 지방선거에서는 전라남도지사에 뽑혔다. 지난 2020년 4월 21대 총선에서는 서울 종로에 출마하여 당선되었다.

정치 1번지로 불리는 종로 당선은 호남 태생인 그가 선출직으로는 처음 호남을 벗어나 대표성을 확보한 사건으로 정치적 함의가 적지 않다. 여야를 막론하고 당 지도부를 선출할 때는 계파의 역학이 작동하게 마련이다. 그래서 지난 8월, 더불어민주당 당 대표 선거에 출마한 이낙연은 '어느 계파에도 치우치지 않은 것이 불리하게 작용하지 않겠는가' 하는 우려도 강했다.

전통적으로 위력을 발휘해온 정치공학적 셈법에 따른 생각이다. 그러나 그는 이런 우려를 말끔히 지워버렸다. 이낙연의 선출직 도전 역사는 정치공학적 셈법에 도전한 역사이기도 하다. 그 도전에서 그는 번번이 승리하면서 새로운 정치의 가능성을 키웠다. 3파전으로 치러진 당 대표 선거에서도 역시 60%

가 넘는 압도적인 지지율로 당선됨으로써 새로운 정치의 가능성을 증명해보였다.

차기 대통령 선호도 지지율에서도 단연 1위를 달리던 이낙연은 당 대표로 취임한 이후 당 내 여러 악재로 주춤하면서 이재명 경기지사에게 추월을 허용하는 등 만만찮은 상황에 직면해 있지만 그런 상황에 일희일비하지 않고 뚜벅뚜벅 자기 길을 가는 것이 그만의 장점이다. 이낙연은 정치인으로서 줄곧 보여온 안정적이면서 신중한 행보 때문에 선명성이 떨어진다는 지적을 받곤 했다. 그럴 때면 그는 "저는 직분에 충실해야 한다는 생각이 강한 사람"이라며 "저의 역할을 뛰어넘는 어떤 것을 기대하셨던 것 같다"고 응수했다.

그가 당 대표로서 국회 입법에 집중하고 있는 법안은 상법, 공정거래법, 금융그룹감독법이 포함된 경제 3법이다. 이번 회기 내에 통과시키겠다는 의지가 강하다. 고위공직자범죄수사처(공수처) 출범의 성패도 그에게 달렸다.

〈더조은뉴스〉의 박종수 기자는 "영남 사람들이 좋아하는 호남사람 세 명"을 들었다. 정은경 질병관리청장, 미스트롯 우승자 송가인 그리고 이낙연 더불어민주당 대표다. 정 청장은 광주, 송 가수는 진도, 이 대표는 영광이 고향이다. 침착하게 코로나 사태를 관리하는 탁월한 업무 능력으로 신뢰를 준 정은경 청장, 코로나로 힘겨운 나날을 보내고 있는 국민들에게 노래로 위안을 준 송가인 가수야 출신지역을 떠나 전 국민이 좋아할 수밖에 없지만 이낙연 대표는 왜 영남 사람들까지 좋아하게 되었을까. 이 대표는 국무총리 시절부터 지역을 가리지 않고 전국적으로 고르게 현안을 챙기고 돌봤다. 특히 영남지역에 애정 어린 그의 발길이 잦았다.

그때 그를 만나보고 강연을 들어본 영남 사람들은 하나같이 '호남 사람'이라는 편견을 깨고 그를 다시 보기 시작했다.

그는 태생적으로 제스처나 이미지로 정치를 하는 사람이 못된다. 손수 발로 뛰고 교감하는 정치야말로 그가 정치를 하는 유일한 방법이다. 이제 지역을 떠나 그런 그의 정치적 가치를 알아주고 있는 것이다. 이낙연은 노무현의 길, 문재인의 길을 재현할 수 있을 것인지, 주목받고 있다. 노무현과 문재인은 호남에서 지지를 받은 영남 출신 대통령이다.

이낙연은 처음으로 영남에서 지지를 받은 호남 출신 대통령으로 기록될 것인가? 내가 보기에는 충분히 가능하다는 믿음이 든다. 이제 그럴 만큼 우리 국민의 민도가 높아지고 성숙되었다. '그가 어디 출신인지'가 중요한 게 아니라 그가 내 삶을 나아지게 할 사람인가'가 중요하다는 것쯤은 잘 알고 이제 행동으로 옮길 만큼 시민의식이 깨어났고, 시대는 그런 쪽으로 더욱 흐르고 있다. 누구도 거스를 수 없는 시대의 대세이고, 정상으로의 회귀다. 그 중심에 바로 이낙연이라는 참 괜찮은 정치인이 있다. 숱한 굴곡과 파란을 겪어온 우리 정치의 희망이다. 그 희망의 증거는, '정치가 해야 할 일은 구체적인 삶의 문제들을 해결 하는 것' 이라는 지론과 실천적 행보에서 찾을 수 있다. "현장을 방문해서 구체적으로 해결하지 않으면 그건 정치가 아닙니다.

어떤 사안이든 그림이 그려지게 이야기할 수 있어야 합니다. 잘 모르면 그렇게 할 수 없거든요. 우리 삶의 문제들을 해결하는 게 바로 정치가 해야 할 일이지요."

그래서 이낙연은 공연한 트집을 잡아 문제를 만들고 키우려는 사람들과 일일이 맞대응할 생각이 전혀 없다.

그런 잡스러운 정치적 제스처들에 초연한 그는 "지금은 손을 맞잡고 협력해 상생을 고민해야 할 때"라고 타이른다.

"우리는 지금 두 개의 전쟁을 치르고 있습니다. 코로나19라는 전염병에 맞서야 하고, 그로 인한 경제적 어려움을 이겨내야 합니다. 지금은 이럴 때가 아닙니다."

우리 정치가 희망을 이어갈 수 있는 건 바로 이런 정치인을 가졌기 때문이다. 정파와는 거리가 먼 저자가 이낙연에게 반한 까닭이기도 하다.

좀 더 나은 미래를 위해 정치인에 대해 터놓고 이야기 할 때

이제는 이낙연

초판 1쇄 인쇄	2020년 12월 30일
1쇄 발행	2021년 01월 11일

지은이	김종수
발행인	이용길
발행처	모아북스 MOABOOKS

관리	양성인
디자인	이룸
총괄	정윤상
감수	지영환(법학박사)

출판등록번호	제 10-1857호
등록일자	1999. 11. 15
등록된 곳	경기도 고양시 일산동구 호수로(백석동) 358-25 동문타워 2차 519호
대표 전화	0505-627-9784
팩스	031-902-5236
홈페이지	www.moabooks.com
이메일	moabooks@hanmail.net
ISBN	979-11-5849-141-3 03340

이 도서의 국립중앙도서관 출판예정도서목록(CIP)은 서지정보유통지원시스템 홈페이지(http://seoji.nl.go.kr)와 국가자료공동목록시스템(http://www.nl.go.kr/kolisnet)에서이용하실 수 있습니다. (CIP제어번호 : CIP2020053274)